O Quinto Mandamento

EDITORA EME

Solicite nosso catálogo completo, com mais de 300 títulos, onde você encontra as melhores opções do bom livro espírita: literatura infantojuvenil, contos, obras biográficas e de autoajuda, mensagens espirituais, romances palpitantes, estudos doutrinários, obras básicas de Allan Kardec, e mais os esclarecedores cursos e estudos para aplicação no centro espírita - iniciação, mediunidade, reuniões mediúnicas, oratória, desobsessão, fluidos e passes.

E caso não encontre os nossos livros na livraria de sua preferência, solicite o endereço de nosso distribuidor mais próximo de você.

Edição e distribuição

EDITORA EME

Caixa Postal 1820 - CEP 13360-000 - Capivari - SP
Telefones: (19) 3491-7000/3491-5449
vendas@editoraeme.com.br - www.editoraeme.com.br

GARDÊNIA DUARTE
JOSEVAL CARNEIRO

QUINTO MANDAMENTO

HOMICÍDIO - ABORTO - SUICÍDIO
EUTANÁSIA - PENA DE MORTE

Capivari-SP
— 2012 —

Os direitos autorais desta obra foram cedidos pelos autores para a Editora EME, o que propicia a venda dos livros com preços mais acessíveis e a manutenção de campanhas com preços especiais a Clubes do Livro de todo o Brasil.

A Editora EME mantém, ainda, o Centro Espírita "Mensagem de Esperança", colabora na manutenção da Comunidade Psicossomática Nova Consciência (clínica masculina para tratamento da dependência química), e patrocina, junto com outras empresas, a Central de Educação e Atendimento da Criança (Casa da Criança), em Capivari-SP.

1ª edição – maio/2012 – 2.000 exemplares

CAPA | Thiago Retek Perestrelo
DIAGRAMAÇÃO | Antonio do Carmo Martimbianco
REVISÃO | Editora EME

Ficha catalográfica elaborada na editora

Duarte, Gardênia, 1957-
Carneiro, Joseval, 1941-
O quinto mandamento / Gardênia Duarte / Joseval Carneiro - 1ª ed. mai. 2012 - Capivari, SP : Editora EME.
160 p.

ISBN 978-85-7353-485-6

1. Homicídio. 2. Aborto. 3. Suicídio. 4. Eutanásia.
5. Pena de Morte. I. Título

CDD 133.9

Sumário

PARTE II

Fale conosco!!!

Fale conosco!!!

Queremos saber sua opinião sobre o livro: ______________________________

______________________________ (favor mencionar o nome do livro)

Introdução

QUERIDO LEITOR,

Aqui estamos juntos, novamente, em um novo livro, desta vez para falar sobre a valorização da vida. E esta nova obra nasceu de forma bastante peculiar, porque não estava em nossos planos escrever sobre homicídio, aborto, suicídio, eutanásia e pena de morte.

Contudo, ao participar de uma reunião doutrinária, um Espírito amigo – o desembargador baiano José de Abreu Filho – através da psicografia do médium Walter Hart pedia que escrevêssemos sobre a valorização da vida, tratando também do aborto. Conforme asseverou o Espírito, nessa mensagem, a prática do aborto em território brasileiro vem aumentando consideravelmente e, via de consequência vinha preocupando a Espiritualidade Maior.

O amigo Joseval Carneiro, estudioso espiritista, juntou-se a nós na tarefa exigida, tornando-se coautor deste trabalho. Possuidor de vasta experiência no assunto, Joseval participou, a convite do arcebispo primaz do Brasil, o saudoso cardeal Lucas Moreira Neves, de um projeto ecumênico envolvendo todos os segmentos religiosos: Pró-Vida. Nesse programa, chegou à vice-presidência, inaugurando, desta sorte, uma nova era de trabalho conjunto em prol da vida.

Como a vida é, em seus múltiplos aspectos, um dom de Deus, e a Ele pertence, não podendo o homem dela dispor a qualquer título, sem ferir os princípios basilares que norteiam o mundo civilizado, concluímos por abordar, não somente, a questão do aborto, mas, também, os problemas relacionados com a prática do homicídio, do suicídio, da eutanásia e da pena de morte, numa visão que reconhecemos ser, além de humanística, também espiritual.

Lembramo-nos dos Dez Mandamentos, que representa um dos mais antigos Códigos de Moral estabelecidos para a Humanidade e por eles resolvemos iniciar o trabalho que nos foi confiado. O trabalho não é fácil, contudo, acostumamo-nos a ouvir que, quando o trabalhador está pronto, o serviço aparece.

Assim nasceu *O quinto mandamento*, que ora ofertamos aos leitores como um convite à reflexão e, também, como conclamação ao engajamento, posto que, sem exceção, seremos todos reconhecidos pelas nossas obras, nos termos do Evangelho de Jesus.

Gardênia Duarte

Em louvor à vida

NO DIA 31 de julho de 1941, sob as instruções de Adolf Hitler, a cúpula nazista reuniu-se em sinistra noite infeliz, a fim de estabelecer o que chamaram de Solução Final.

O macabro plano de genocídio sistemático contra a população judaica, fazia parte de um dos aspectos mais hediondos do Holocausto.

Dizimar vidas, destruí-las sem o menor receio e apagá-las quando ainda em floração no ventre materno, é o resultado da barbárie que ainda jaz em a criatura humana, embora a essência divina dormite em seu interior.

Parece-nos, que a pabulagem dos que fazem vistas grossas aos valores do Espírito, é em virtude da preocupação com as coisas comezinhas, que terminam por candidatá-lo a apatia e ao estiolamento.

O desrespeito ao quinto mandamento: "NÃO MATARÁS", logo mais medrará nas consciências empedernidas no mal – assumindo nova feição – quando o Reino de Deus, irá instalar-se, em definitivo, nos corações sequiosos de paz.

A obra da nossa estimada irmã é um convite perene à reflexão, a fim de que meditemos profundamente na beleza da vida, procurando enriquecê-la com estesia, harmonia e cor.

Só o amor, em toda a sua plenitude, é a solução para todos os quesitos da criatura humana.

Vivendo-o, de maneira integral, teremos forças renovadas para os enfrentamentos do cotidiano.

Entoemos, desse modo, hosanas ao Senhor, agradecendo-O por tudo e ergamos bem alto a bandeira em louvor à vida.

Nina Rodrigues
(Página psicografada pelo médium Walter Hart)

Opinião

A EXPERIÊNCIA dos autores, decorrente das vivências passadas ao longo das suas vidas, é credencial mais que suficiente para a elaboração de tão belo trabalho.

Gardênia, colega por todos admirada, demonstra sempre o perfil de firmeza quando decide os conflitos que lhes são apresentados e, de forma serena, maneja com a música e com as letras. Um misto de seriedade e sensibilidade!

Joseval dispensa comentários. Sua trajetória e as práticas de vida das quais participou ou elaborou transmudam-se em passaporte para abordar tema tão importante, como Direito à Vida.

Resta-nos afirmar que a obra, enfatizando o QUINTO MANDAMENTO, incursiona pelo aborto, o infanticídio, o suicídio, a eutanásia e a pena de morte, tão preocupantes nesta quadra em que assistimos à banalização da vida.

Tenha o leitor a convicção de que a leitura será prazerosa, pois, como afirmam os autores, ancorada numa visão humanística e espiritual.

No mais é dizer que o chamamento à semeadura contou com a participação do luminar Espírito José Abreu Filho, que em vida, como desembargador, esteve sempre atento ao cumprimento dos Dez Mandamentos!

Ernani da Silva Garcia-Rosa
Juiz de Direito

Parte I

Capítulo I

O quinto mandamento

OS DEZ MANDAMENTOS, ou *Decálogo,* trouxeram à Humanidade o primeiro código de moral. Segundo a Bíblia, foram originalmente escritos por Deus em tábuas de pedra e entregues ao patriarca Moisés.

Conforme as escrituras, essas tábuas foram quebradas pelo próprio Moisés, quando, ao descer o Monte Sinai, presenciou, irado, o povo de Israel adorando um deus pagão, simbolizado num bezerro de ouro. *Deus teve, portanto, que escrever outras e desta forma foi feito* (Êxodo 34:1).

Encontramos os Dez Mandamentos, primeiramente, em Êxodo 20:2-17 e repetidos, depois, em *Deuteronômio* 5:6-21.

Decálogo, na realidade, significa *dez palavras* (Ex 34:28). Dos Dez Mandamentos, constata-se, de imediato, que os três primeiros tratam do amor a Deus, e os outros sete, do amor e respeito ao próximo. Com isto, Deus ensinou aos homens o caminho para uma vida de virtude e elevação espiritual.

No topo do Monte Sinai, Moisés, ao receber as Tábuas da Lei, estabeleceu solenemente um pacto, também chamado de Aliança, entre *Yhwh* ou *Jhvh* (Deus) e o povo de Israel.

Resumidamente, segundo a maioria dos estudiosos do Êxodo, os dez mandamentos se resumem nos seguintes:

> 1°) Amarás a Deus sobre todas as coisas.
> 2°) Não tomarás seu santo nome em vão.
> 3°) Guardarás domingos e festas de guarda.
> 4°) Honrarás pai e mãe.
> 5°) Não matarás.
> 6°) Não pecarás contra a castidade.
> 7°) Não roubarás.
> 8°) Não levantarás falso testemunho.
> 9°) Não desejarás a mulher do próximo.
> 10°) Não cobiçarás as coisas alheias.

O quinto mandamento, *não matarás*, foi desdobrado por Jesus (assim como os demais) no basilar ensinamento que legou ao mundo, 16 séculos depois de Moisés: *"Ama a Deus e ao próximo como a ti mesmo"*.

Não matarás (Êx 20:13) constitui o quinto mandamento de Deus aos homens da Terra. E o verbo hebraico *"jxr"* (ratsach) aparece 47 vezes em todo o Velho Testamento hebraico. Este termo, na legislação mosaica, tem o sentido de proibir o homicídio na forma premeditada, não sendo utilizado, portanto, para o homicídio culposo, ou seja, aquele praticado quando o agente *(homicida)* não tinha a intenção de matar. Igualmente, não se aplica quando o homicídio foi praticado no exercício da defesa própria ou de mortes em situações de guerra.

Fugindo ao aspecto religioso, matar, em qualquer legislação democrática, constitui crime, punido *via de regra* com penas de maior gravidade. Em nosso país, por exemplo, o delito se encontra previsto nos artigos 121 a 128 do Código Penal, indo do homicídio simples, com pena de reclusão entre 6 e 20 anos - variando em função de suas formas qualificada, dolosa e culposa - até o induzimento, instigação ou auxílio ao suicídio, infanticídio e aborto.

Também não é considerado homicídio a morte decorrente de agressão, quando o agente não teve a intenção de matar e, neste caso, o delito é reconhecido como *lesão corporal seguida de morte,* crime previsto pelo art. 129 §3, do Código Penal. Nessa tipificacão, o delito se consuma quando o agente, lesionando a vítima, não a desejava morta, contudo, o óbito desta vem a ocorrer em função das lesões que lhe foram causadas.

A lesão corporal seguida de morte está configurada quando, numa rixa (briga) não intencional ou iniciada sem premeditação, como costumeiramente se vê, por exemplo em ruas, bares ou casas noturnas, por exemplo, alguém empurra outrem, que, por sua vez, cai e bate a cabeça no chão ou em algum objeto duro, para vir a falecer somente horas ou dias depois, em função das complicações surgidas do impacto da cabeça contra a superfície dura.

Vê-se que, tanto na lei mosaica quanto nos códigos da moderna civilização, a imputação de crime leva em conta a intenção (dolo). E não é diferente no que tange às leis morais. Na questão 747 de *O Livro dos Espíritos*, os Instrutores invisíveis frisam que a intenção que move nossos atos é o que mais conta para a Justiça Divina.

A vida no corpo é o bem mais precioso que recebemos de Deus, ensejando-nos oportunidades de aprendizado e crescimento. Tirar a vida de alguém é impedir esse Espírito de passar por experiências que vão conduzi-lo a estágios mais elevados de perfeição. Não é dado a ninguém o direito de ceifar uma vida. Nem a alheia, tampouco a própria.

Poder-se-ia argumentar que aqueles que morrem por homicídio estariam cumprindo sua sina, o seu *kharma* (para usar um termo do hinduísmo), e deveriam morrer. Mas Deus não precisa que alguém mate para que se cumpra a Sua vontade. Diz-se, com razão, que Deus escreve certo por linhas tortas, não é? E há muito de sabedoria nesse ditado popular. Se um homem matou, pode ocorrer que sua vítima venha, noutra existência, vingar-se do agressor, quando não conseguiu perdoar. A perseguição poderá arrastar-se por várias existências, se o seu coração não for tocado pela mansuetude e sentimentos superiores.

Mas um assassino poderá redimir-se do seu erro não necessariamente através de outro homicídio. Se o infrator traz essa marca na consciência, essa nódoa a lhe manchar a "túnica" espiritual, ele estará suscetível a morrer também de forma violenta. A circunstância vai aparecer e tudo parecerá conspirar, concorrer para esse fim. É como se um ímã o atraísse para determinado lugar em dada hora e ele fosse levado para diante da própria consciência. Imaginemos, por exemplo, que esse homem resista a um assalto, uma cena até comum em cidades como São Paulo, Rio de Janeiro ou Salvador. Se ele tem um "histórico" comprometedor, estará correndo risco de perecer nesse assalto, ainda que o disparo seja acidental. A força da lei de ação e reação, que não prescreve nunca, explica também as tais "balas perdidas", que parecem colher vítimas inocentes, deixando todos perplexos e aturdidos a perguntar se aquilo foi mesmo obra do acaso!

Mas não nos esqueçamos da Lei de Misericórdia, que atua em favor de todos nós. Pode ocorrer que o ferimento não seja fatal. Alguns dirão que foi sorte. Outros dirão que foi a mão de Deus... E não terão errado. Com certeza, algum crédito - de sua boa ação em favor de alguém - terá pesado em favor da vítima. Como está no Evangelho, *o bem que façamos cobre a multidão de pecados*. Assim, a lei de amor e caridade equilibra e atenua a lei de ação e reação ou de causa e efeito.

O homicídio na História

Mas retornemos às escrituras sagradas. O Espírito, criado por Deus simples e ignorante, tem experimentado trajetórias tortuosas. E o homicídio aparece na história mais remota das civilizações. Em *Gênesis* (4:8) há relato do que teria sido o primeiro homicídio cometido pelo homem:

1 E conheceu Adão a Eva, sua mulher, e ela concebeu e deu a luz a Caim, e disse: Alcancei do SENHOR um homem.

2 E deu a luz mais a seu irmão Abel; e Abel foi pastor de ovelhas, e Caim foi lavrador da terra.

3 E aconteceu ao cabo de dias que Caim trouxe do fruto da terra uma oferta ao SENHOR.

4 E Abel, também, trouxe dos primogênitos das suas ovelhas, e da sua gordura; e atentou o SENHOR para Abel e para a sua oferta.

5 Mas para Caim e para a sua oferta não atentou. E irou-se Caim fortemente, e descaiu-lhe o semblante.

6 E o SENHOR disse a Caim: Por que te iraste? E por que descaiu o teu semblante?

7 Se bem fizeres, não é certo que serás aceito? E se não fizeres bem, o pecado jaz à porta, e sobre ti será o seu desejo, mas sobre ele deves dominar.

8 E falou Caim com o seu irmão Abel; e sucedeu que, estando eles no campo, se levantou Caim contra o seu irmão Abel, e o matou.

Atentemos, inclusive, que o crime praticado por Caim decorreu de um grave defeito moral muito próprio da índole humana: a inveja. E certo é que os mais horrendos crimes são praticados, quase sempre, em decorrência dos mais mesquinhos sentimentos. Todos os dias, abrindo o jornal pela manhã, deparamo-nos com atrocidades cometidas por aqueles infelizes que não tiveram crescimento espiritual suficiente para colocar o amor a Deus e ao próximo em primeiro plano em suas vidas, perdendo o equilíbrio de suas emoções e retrocedendo, lamentavelmente, no percurso de sua evolução espiritual.

E a história da humanidade está pontilhada de crimes que, por sua ferocidade, se perpetuaram na memória do homem, incluindo os perpetrados em nome de ideais políticos, raciais e, até mesmo, de fé. Crimes como os de Maria Antonieta, Júlio César e Robespierre são evocados, até hoje, com extremo horror.

O que denominamos atualmente de terrorismo, por exemplo, nada mais é que o uso deliberado e organizado da violência, ou da ameaça dela, para obter vantagem, influência e poder através da exploração do medo. Movimento extremista grave que aflige a humanidade como um todo, estendendo seus braços em fartas ramificações e por intermédio de organizações espalhadas pelo globo, o terrorismo é guiado sempre por motivos políticos, sociais ou religiosos. O terrorismo político objetiva alcançar ideais impossíveis de serem atingidos pelas vias legais, desta forma, os atos terroristas espalham o terror pela Nação e seu povo, enfraquecendo o regime do país afetado pelo movimento. O terrorismo social, por outro lado, visa com os atos de terror, tornar possível a ascensão de uma classe menos favorecida da sociedade. E quanto ao terrorismo religioso, é uma forma de extremismo dos fundamentos que alavancam determinada crença religiosa, objetivando a imposição de seu radicalismo aos outros grupos de diversa devoção.

Como exemplo de terrorismo político temos o praticado pelo ETA - grupo separatista da Espanha. Os atentados desta oganização visam afetar a vida de pessoas em particular e não à população como um todo, havendo, quase sempre, um pré-aviso antes do ataque. E a pretensão do grupo é a de conseguir que a região denominada *País Basco* seja independente e autônoma do resto do território espanhol. Resta indagar, entretanto, se o método extremista utilizado é o mais viável ao intento político perseguido, levando em conta que além de ameaçar a população, até hoje não conseguiu a concretização de seus intentos.

Como terrorismo religioso tomemos como exemplo o IRA - Exército Republicano Irlandês, que cometia ataques terroristas objetivando evitar que a Inglaterra impusesse sua religião na parte inglesa do território da Irlanda. A Inglaterra, como se sabe, adota a religião anglicana, com doutrina e hierarquia semelhantes à católica, contudo, admitindo o casamento de padres, ordenação das mulheres e recusando a jurisdição do Papa. Quanto à Irlanda, é país de crença eminentemente católica. Um dos objetivos do IRA era fazer com que no norte da Irlanda não se praticasse o anglicanismo, mas, tão somente, o catolicismo. Apesar de o IRA, atualmente, haver serenado os ânimos, a disputa entre católicos e reformistas naquela região é, na realidade, muito antiga, e já dura séculos. Arrefece de tempos em tempos; contudo, nunca cede totalmente.

Do mesmo modo, temos o fundamentalismo islâmico, com grande variedade de grupos portadores de fortes elementos religiosos em suas motivações, como Al-Qaeda, Hamas, Hisbollah e muitos outros. Militantes da primeira organização, Al-Qaeda, foram os responsáveis pelos atentados de 11 de setembro de 2001 nos Estados Unidos, quando quatro aeronaves comerciais decolaram das cidades de Boston, Newark e Washington D.C. às 8 horas, foram sequestradas em pleno voo por terroristas. Duas das aeronaves foram arremetidas contra as Torres Norte e Sul do World Trade Center (WTC) em Nova York. Outra lançada sobre o prédio do Pentágono, em Washington D.C., e a quarta aeronave caiu em área desabitada na Pensilvânia, depois que tripulantes e passageiros conseguiram evitar tragédia maior, desviando-a do seu verdadeiro destino.

O ataque ao World Trade Center foi tão poderoso, que satélites localizados a quilômetros de distância da Terra conseguiram registrar com nitidez a enorme coluna de fumaça que se ergueu das Torres atingidas. Tamanha catástrofe mostra a que ponto podem chegar as hostilidades no globo terrestre, acirrando o ódio e sentimentos de vingança entre americanos e partidários da Al-Qaeda.

A ferida marcou não só o coração das famílias enlutadas, mas permanece também em toda a nação americana, ávida por vingança. Tanto que a 11 de março de

2011, os americanos comemoraram, se é que é possível usar tal expressão, a notícia da morte de Bin Laden, anunciada pela Casa Branca com sabor de vitória. Meses depois, uma contraofensiva terrorista fez centenas de vítimas no Paquistão, numa clara demonstração de que as hostilidades estão muito longe de cessar. O terrorismo, na realidade, nunca cessará definitivamente no globo terrestre enquanto houver na raça humana uma diferença abissal entre culturas, credos e convicções políticas defendidas por facções extremistas.

Em *O Livro dos Espíritos*, o codificador Allan Kardec abordou o tema da seguinte forma:

Pergunta 746. É crime aos olhos de Deus o assassínio?
Grande crime, pois que aquele que tira a vida ao seu semelhante corta o fio de uma existência de expiação ou de missão. Aí é que está o mal.

Pergunta 747. É sempre do mesmo grau a culpabilidade em todos os casos de assassínio?
Já o temos dito: Deus é justo, julga mais pela intenção do que pelo fato.

Pergunta 748. Em caso de legítima defesa, escusa Deus o assassínio?
Só a necessidade o pode escusar. Mas, desde que o agredido possa preservar sua vida, sem atentar contra a de seu agressor, deve fazê-lo.

Pergunta 880. Qual o primeiro de todos os direitos naturais do homem?

> O de viver. Por isso é que ninguém tem o de atentar contra a vida de seu semelhante, nem fazer o que quer que possa comprometer-lhe a existência corporal. [1]

Independentemente, porém, do que os Espíritos transmitiram a Allan Kardec ou do que Deus tenha transmitido a Moisés (por meio dos Espíritos), cada criatura traz insculpida, na consciência, de forma inata, a noção do bem e do mal e também guarda o instinto de lutar pela vida, que o acompanha desde experiências mais remotas.

E mais ainda, a advertência dos Espíritos superiores é bastante óbvia, ou seja, aquele que tira a vida ao seu semelhante corta o fio de uma existência de expiação ou de missão. E é lógico concluir que, se não compete a nós a decisão de suprimir ou alterar a missão de qualquer Espírito encarnado neste plano, a responsabilidade pela prática de um ato dessa natureza é incomensurável. E aquele que cometer tão grave delito estará angariando para si um severo comprometimento cármico.

Assim como constitui falta grave na justiça dos homens, o homicídio é muito mais diante da Justiça Divina, porque contraria frontalmente a Lei de Amor. Justifica-se semelhante ato excepcionalmente no caso de legítima defesa, para preservar a própria vida. Bem verdade que muitos crimes passaram incólumes diante das

---

[1] **Fontes:** *O Livro dos Espíritos,* Allan Kardec – 76ª edição – Federação Espírita Brasileira.

leis humanas e só foram descobertos muito mais tarde, quando as penas já haviam sido afetadas pela prescrição. Nos arquivos das instituições penais, avolumam-se casos que surpreendem os criminologistas.

Outras sequer foram reveladas e passaram às ocultas da justiça humana. Na tentativa de realizar seu intento sem deixar marcas, o criminoso usa artimanhas, contrata e remunera terceiros para perpetrar a ação em seu lugar, engendra planos os mais ardilosos em que se ocultam as armas do crime e até mesmo o cadáver da vítima, que passa à história como "desaparecida".

Capítulo II

Crimes nas escrituras que ficaram célebres

PARA ATENTAR contra a vida de alguém, a imaginação do assassino desafia as mentes mais perspicazes. A história tem casos e casos. Muitos estão narrados nas escrituras. O episódio de Urias, o heteu, relatado em II Samuel, 11 e 12, fornece interessante exemplo de como um homem pode provocar a morte de outro, sem que o mate com as próprias mãos. E mais: utilizando-se da dissimulação e estratégia para mascarar as suas reais intenções. Mas a história nos revela, também, o remorso do assassino, a punição que sofreu e o supremo perdão de Deus.

O início da narrativa informa que o rei Davi deveria estar em Rabá, para onde enviou seu exército, comandado por Joab, mas preferiu permanecer em Jerusalém. Numa tarde, após levantar-se do leito, passeando pelo terraço do palácio, o rei avistou uma bela mulher em seu momento de banho. Era Bate-Seba, mulher de Urias, valente soldado que se encontrava no campo de batalha.

Davi ordenou, então, aos seus mensageiros, que trouxessem a mulher até ele e deitou-se com ela.

Contudo, o inesperado aconteceu, Bate-Seba engravidou e mandou avisar o rei. Davi põe em prática, desta forma, um ardiloso plano para mascarar a realidade dos fatos. Primeiramente, manda trazer Urias para uma entrevista *(11.6)* e, dissimulando suas verdadeiras intenções, pergunta ao soldado sobre o desenrolar da batalha em Rabá. Depois, manda-o para casa, na esperança que ele deitasse com sua mulher e todos pensassem que ela concebera de seu esposo. Urias, no entanto, não vai para casa e volta para a companhia de seus pares guerreiros, e permanece junto ao seu comandante Joab.

O rei chama Urias novamente e lhe pergunta por que não fora para casa. E este responde: *A arca, Israel e Judá ficam em tendas; Joab, meu senhor e os servos de meu senhor estão acampados ao ar livre; e hei de entrar na minha casa, para comer e beber e para deitar com minha mulher? Tão certo como tu vives e como vive tua alma, não farei tal coisa.* (11.11).

Davi então convida Urias para comer e beber em sua presença, embriagando-o. Entretanto, o soldado após a orgia, mais uma vez, não retorna para o seio de sua mulher. Deita-se no mesmo lugar onde dormiam os guardas do rei.

Davi, agora, deparava-se com um grave problema, que lhe desperta a ideia fatal. O exército de Israel tinha uma guerra a travar com os amonitas. Os soldados estavam empenhados na obtenção de vitória. Davi, portanto, sentencia Urias à morte (11.14). Mas, de que maneira? Envia uma carta ao comando militar, em Rabá, ordenando a Joab que colocasse Urias ao alcance da linha inimiga. Na carta ordenava ele: *Coloque Urias no lugar mais perigoso da batalha e retirem-se, deixando-o sozinho, para que seja ferido e morra.*

Joab desta forma procedeu. E, após a batalha, mandou um mensageiro relatar a Davi as perdas, incluindo a morte de alguns de seus melhores guardas, bem como a de Urias. Davi falou, então, ao mensageiro: *Diga para Joab não se preocupar com este caso. A guerra é assim mesmo. Um dia cai um. Outro dia cai outro.* (11:25).

Assim, após o luto da mulher de Urias, o rei tomou-a por esposa, recolhendo-a em seu palácio, e deu ela à luz um filho. Mas, o relato continua, informando que Deus mandou Natan, o profeta, até Davi, que contou ao rei a seguinte história (12:1 a 4):

> Havia numa cidade dois homens, um rico e outro pobre. O rico tinha rebanhos e manadas em grande número; mas o pobre não tinha coisa alguma, senão uma pequena cordeira que comprara e criara; ela crescera em companhia dele e de seus filhos; do seu bocado comia, do seu copo bebia, e dormia em seu regaço; e ele a tinha como filha. Chegou uma visita à casa do rico e este não quis pegar nenhuma das suas ovelhas ou vacas para servir ao viajante que o visitava. Então, pegou a ovelha do homem pobre e a preparou para sua visita.

A ira de Davi se acendeu após o relato que lhe foi feito e disse ele a Natan:

> Digno de morte é o homem que fez isso. Pela cordeira restituirá o quádruplo, porque fez tal coisa, e não teve compaixão.

Mas Natan continuou, dizendo ao rei que o homem da história, na realidade, era ele próprio - Davi - e que Deus repreendera a atitude por ele praticada. E pelo erro, haveria um preço a pagar, ou seja, teria de morrer o filho nascido da união entre o rei e a viúva de Urias, posto que Davi havia tomado pela espada a mulher de outro para sua própria. Davi reconhece, então, a grave falta cometida e continua o relato em II Samuel 12:9, informando que assim foi feito. Davi retirou-se em jejum por vários dias, mas a criança morreu. Davi consolou sua mulher e com ela teve outro filho - Salomão.

O relato deste episódio traz, numa só narrativa, profundo ensinamento:

1º) A falibilidade humana em seu aspecto moral, quando o egoísmo conduz o homem ao cometimento de graves erros a prejuízo de seus semelhantes;

2º) A consciência deste erro e o consequente arrependimento pelo ato praticado;

3º) A punição como resultado ou efeito de maléfica ação empreendida;

4º) O magnânimo perdão de Deus quanto

> às faltas humanas, quando pelo próprio homem reconhecidas com sincero arrependimento.

O texto visa, portanto, dar a conhecer a lei de causa e efeito, ou seja, de que nada passa impune ante a Justiça Divina. O adultério e homicídio cometidos custou a Davi a perda do filho. E mais: demonstra que somos responsáveis por aquilo que fazemos e que o nosso futuro é, simplesmente, o resultado de nossos atos. A propósito, observemos o que responderam os benfeitores a Allan Kardec, na Questão 1.000 de *O Livro dos Espíritos*.

> **Questão 1000 - Podemos nós, a partir desta vida, resgatar nossas faltas?**
> Sim, reparando-as; mas não creiam resgatá-las através de algumas privações pueris, ou doando, após sua morte, o de que não tiverem mais necessidade. Deus não leva em nenhuma conta um arrependimento estéril, sempre fácil, e que não custa senão o trabalho de se bater no peito. A perda de um dedinho ao prestar um serviço desfaz mais falta que o suplício da carne suportado durante anos sem outro alvo que si mesmo. (726)
> **O mal é reparado apenas através do bem, e a reparação não apresenta nenhum mérito caso não atinja o homem**

> **nem em seu orgulho, nem em seus interesses materiais.**
> De que lhe serve, para sua justificação, restituir após sua morte o bem mal adquirido, quando lhe é inútil e de que se aproveitou? De que lhe serve a privação de alguns prazeres fúteis e de algumas coisas supérfluas, se o mal que praticou contra outrem resta o mesmo? De que lhe serve, enfim, humilhar-se perante Deus, se conserva seu orgulho perante os homens? (720 e 721)

Pela resposta dos Espíritos denota-se que um assassino terá desajustes espirituais decorrentes de seu ato, e estes desajustes tenderão a refletir em seus estados físico e emocional, na presente existência ou nas futuras, originando males que lhe educarão na superação da agressividade. Do mesmo modo, o criminoso será chamado ao compromisso de reajustar-se com sua vítima, compensando-a pelo mal que lhe fez. O grau de comprometimento do criminoso, desta sorte, dependerá de sua capacidade em distinguir o mal do bem, o certo do errado. Quanto maior o seu discernimento, maior será a sua responsabilidade.

E voltando ao texto da narrativa do crime de Davi, as escrituras enfocam a gravidade do delito praticado. Tanto que a punição de Davi foi pesada, tendo que assistir à morte prematura do filho, fruto da relação de adultério. Contudo, o texto prossegue, ensinando que o arrependimento sincero conduz ao perdão. No caso de Davi, por exemplo, reconhecendo esta circunstância, Deus o abençoou com outro filho - Salomão -, que mais tarde seria um grande e sábio soberano.

É interessante verificar que a fraqueza humana, arrependimento, punição e perdão divino são ampliados na visão espírita. Uma vez consciente do erro cometido, o Espírito, arrependido, sofre (ou expia), e desse sofrimento nasce-lhe, no íntimo, o desejo de reparar a falta. E a reencarnação surge como instrumento abençoado, ensejando à criatura uma nova oportunidade na carne para redimir-se perante si mesma.

Na realidade, portanto, dizer que Deus **perdoou** Davi, na forma exata como narrado na Bíblia, é fazer uma visão incompleta de Deus. Ele criou leis perfeitas e não precisa, por isso mesmo, castigar aqueles que infringem seu código. Tampouco precisa perdoar. As Suas leis são magnânimas como também é a lei da causalidade. Duvidar da eficácia dessa lei seria irracional!

Se as más ações geram consequências negativas, as boas ações geram consequências positivas. Dizemos então que se trata de *carma positivo*, ou seja, os acontecimentos salutares que o Espírito atrai para si decorrem das atitudes corretas que ele praticou. Desta sorte, a alma humana é sempre juíza de si mesma, prolongando ou suavizando o próprio sofrimento. Podemos, então, afirmar que arrependimento, expiação e reparação constituem as condições necessárias para apagar os traços de uma falta, auxiliando o Espírito em sua progressão rumo à perfeição e proximidade com Deus.

Capítulo III

Aborto

NO CAPÍTULO Retorno do Espírito à vida corporal, que trata especificamente da união da alma ao corpo, temos em *O Livro dos Espíritos,* questão 344:

> **Em que momento a alma se une ao corpo?**
> A união começa na concepção, mas só é completa no momento do nascimento. Desde o instante da concepção o Espírito designado para habitar certo corpo, a este se liga por um laço fluídico que cada vez mais se vai apertando até que a criança nasça. O grito que o recém-nascido solta, anuncia que ela se conta no número dos vivos e servidores de Deus.

Mais à frente, o codificador inquire, na questão 358:

> **O abortamento voluntário é um crime, qualquer que seja a época da concepção?**
> Existe sempre crime quando transgredis a lei de Deus. A mãe, ou qualquer pessoa, cometerá sempre crime tirando a vida da criança antes de nascer, porque está impedindo a alma de suportar as provas das quais o corpo deveria ser o instrumento.

E tal como estabelece a legislação brasileira, o aborto não é considerado crime quando visa preservar a vida da mãe, o denominado aborto terapêutico ou necessário (questão 359):

> **No caso em que a vida da mãe estivesse em perigo com o nascimento da criança, há crime em sacrificar a criança para salvar a mãe?**
> É preferível sacrificar o ser que não existe ao ser que existe.

Assim, compreende-se que a união do ser espiritual com o corpo gerado no seio materno inicia-se com a concepção, mas o ser ainda "não existe" no mundo, "nem se conta entre os vivos", como afirmaram os Instrutores. Mas o processo reencarnatório se dá gradativamente ao longo da gestação: à medida que o feto se desenvolve no seio materno, o laço fluídico, entre o Espírito que vai reencarnar e o Espírito da mãe, aperta-se cada vez mais.

Romper esse vínculo, pelo aborto, significa impedir que o ser viva as experiências de que necessita para o seu crescimento espiritual e constitui, portanto, crime ante a Lei de Deus. Da mesma forma, também, em muitas nações, o aborto é reconhecido como crime pela legislação penal, não o sendo, entretanto, em alguns países da Europa e Estados americanos.

Quanto à interrupção da gravidez decorrente de estupro, esta não foi diretamente tratada por Kardec em *O Livro dos Espíritos*. A questão teria escapado ao codificador? Ou teria ele, por orientação dos instrutores espirituais, deixado essa decisão, nas entrelinhas, ao livre-arbítrio materno? Uma gravidez, nessas circunstâncias, poderá não ser bem-sucedida, sobretudo por conta do trauma psicológico que advém do ato sexual violento, podendo até ocorrer o aborto espontâneo. Mas também pode a gestação seguir seu curso normal, com pleno desenvolvimento do feto.

Caberia à futura mãe, então, decidir sobre o futuro da criança? Seria justo obrigar a mulher violentada a prosseguir com uma gestação decorrente de um ato como esse? Terá essa mãe condições de amamentar, proteger e educar esse filho com o mesmo carinho que devotaria àquele filho que veio coroar uma doce aspiração materna?

A literatura espírita traz, no entanto, casos de estupro em que mãe e filho se revelam, ao longo da existência, espíritos afins. Sabe-se de mulheres violentadas que levaram a gestação até o seu termo com sacrifícios extremos, ocultando à família e à sociedade os sinais da gravidez indesejada. No Brasil Império e nos tempos coloniais não foram poucos os casos de escravas engravidadas por mercadores, ou mesmo por seus senhores, e que, apesar de violentadas sexualmente, protegeram seus rebentos até o nascimento e os amaram igualmente. Histórias há, e muitos romances já o contaram, de homens de bem que vieram ao mundo em condições como essas, pela maternidade execrada, manchada de humilhação e vergonha.

Há também o outro lado da moeda. Espíritos recalcitrantes, que não aceitam retornar ao campo de lutas terrenas, são surpreendidos com a reencarnação compulsória, presos nas armadilhas que eles próprios colocaram para suas vítimas.

Os anencéfalos. A visão espírita e a Lei

A legislação brasileira admite o aborto nos casos de gravidez resultante de estupro, conforme consta do artigo 128, incisos I e II do atual Código Penal Brasileiro. Contudo, tramita no Congresso Nacional projeto de lei que altera o Código Penal Brasileiro, exatamente, nos artigos 124 a 128. O projeto, elaborado por uma comissão especialmente criada para esta finalidade, já recebeu a acolhida do Ministério da Justiça e da Comissão de Constituição e Justiça da Câmara dos Deputados e traz alterações no dispositivo 128, com a ampliação das hipóteses de permissão do aborto, admitindo-o, além dos já especificados no Código atual, também, nos seguintes casos:

a) para preservar a saúde da mulher **(inciso I);**

b) quando a gravidez for resultado da violação da liberdade sexual ou do emprego não consentido de técnica de reprodução assistida **(inciso II);**

c) quando houver fundada probabilidade de o nascituro apresentar graves e irreversíveis anomalias físicas ou mentais, mediante constatação e atestado afirmado por dois médicos **(inciso III).**

Observemos que os dispositivos legais não tratam, exatamente, da **total descriminalização** do aborto, visto que não o permite de uma forma generalizada, mas, tão somente, ampliam e em muito pouco, as hipóteses nas quais ele passa a ser permitido. A alteração mais polêmica é a contida no inciso terceiro, quando há "fundada probabilidade" de o nascituro vir a nascer com "graves e irreversíveis anomalias", a exemplo da anencefalia.

Em recentíssimo julgamento ocorrido em 11 de abril do corrente ano (2012) e por maioria de votos, o Plenário do Supremo Tribunal Federal (STF) julgou procedente o pedido contido na *Arguição de Descumprimento de Preceito Fundamental* (ADPF) 54, ajuizada pela Confederação Nacional dos Trabalhadores na Saúde (CNTS). Concluído o julgamento, o STF declarou a inconstitucionalidade da interpretação que criminaliza a antecipação terapêutica de parto nos casos de anencefalia, ou seja, declarou contrária às normas da Constituição qualquer interpretação que reconheça a interrupção da gravidez nos casos de fetos anencéfalos como conduta tipificada dentre as insertas nos arts. 124, 126 e 128 do Código Penal Brasileiro. Em outras palavras, a Corte Suprema de nosso País entendeu e proclamou que o aborto voluntário, quando manejado para a interrupção da gestação de feto anencéfalo, não constitui crime. Via de consequência, qualquer interpretação dos operadores da lei em sentido oposto reconhece-se como inconstitucional, diametralmente oposta aos preceitos contidos em nossa Constituição Federal.

Eis a Súmula do referido Julgamento:

> "O Tribunal, por maioria e nos termos do voto do Relator, julgou procedente a ação para declarar a inconstitucionalidade da interpretação segundo a qual a interrupção da gravidez de feto anencéfalo é conduta tipificada nos artigos 124, 126, 128, incisos I e II, todos do Código Penal, contra os votos dos Senhores Ministros Gilmar Mendes e Celso de Mello que, julgando-a procedente, acrescentavam condições de diagnóstico de anencefalia especificadas pelo Ministro Celso de Mello; e contra os votos dos Senhores Ministros Ricardo Lewandowski e Cezar Peluso (Presidente), que a julgavam improcedente. Impedido o Senhor Ministro Dias Toffoli. Plenário, 12.04.2012".

O relator da Arguição de Descumprimento de Preceito Fundamental (ADPF) 54, ministro Marco Aurélio, assim considerou em seu voto:

> "A incolumidade física do feto anencéfalo, que, se sobreviver ao parto, o será por poucas horas ou dias, não pode ser preservada a qualquer custo, em detrimento dos direitos básicos da mulher".

Com isto, o relator sustentou a descriminalização da prática e concluiu que a imposição do Estado na manutenção de gravidez cujo resultado final será, inevitavelmente, a morte do feto, estaria ferindo princípios basilares do sistema constitucional.

A decisão do Supremo Tribunal Federal fulmina, também, a possibilidade da utilização dos órgãos do anencéfalo para fins exclusivos de doação, considerando que obrigar a mulher a manter uma gravidez, unicamente, para este propósito, seria o mesmo que tratá-la sob a ótica utilitarista, postura que afronta, também, as normas Constitucionais.

Mas, retornando à questão do aborto em linhas gerais, tanto a doutrina espírita, quanto outras religiões, reconhecem-no como ato criminoso, ainda que praticado em casos de malformação fetal. Contudo, é necessário que consideremos que nenhuma das alterações do projeto de lei que ainda tramita no Congresso aguardando final aprovação alcançará significativa redução do número de abortos praticados em nosso País e, por dois motivos:

1º) O projeto de lei não extirpa a prática do aborto do Código Penal, ou seja, continua a tipificá-lo como ato criminoso;

2º) A alteração inserida na legislação continuará sendo muito restritiva, ou seja, aqueles que o praticarem, fora das modalidades legalmente admitidas, continuarão sujeitos às penalidades impostas por lei.

Entretanto, muitos defendem a necessidade destas exíguas alterações, em função dos avanços quanto ao reconhecimento do direito da mulher, precipuamente, no que tange à liberdade do próprio corpo e preservação de sua qualidade de vida, visto que aumentam, a cada dia, as clínicas clandestinas, onde o aborto, praticado em condições precárias, vêm causando drásticos prejuízos à saúde das gestantes, ou, até mesmo, levando-as a óbito. E foi justamente isto que ocorreu quando do julgamento retro mencionado, onde a prática foi considerada como *"antecipação terapêutica de parto"* e não como aborto.

Outro forte argumento para a descriminalização do aborto *(e há um equívoco em tomá-lo à conta de descriminalização)* é o de que o filho no ventre materno, por não deter, ainda, uma identidade própria, outorgaria a seus pais, por assim dizer, a decisão sobre a preservação ou não de sua vida, principalmente, quando a gestação surge como um incidente indesejado para o casal. Contudo, até mesmo no mundo jurídico a questão é polêmica, pois a integração entre as vidas do feto e da mãe se dá de tal forma, que se imiscuem uma na outra, a ponto de imaginarmos a existência de um único ser.

Compreendemos, é verdade, que mãe e filho são indivíduos independentes e que como criaturas humanas, cada qual tem sua cota de direitos. A mãe, inclusive, com direitos e deveres mais amplos a preservar. Na mãe está o poder de decisão para manter ou suprimir a gestação que carrega, enquanto o embrião, que respira em seu ventre, fica totalmente vulnerável à sua vontade.

Compete à mãe decidir sobre o pequeno ser, se vai viver ou morrer. A ela, portanto, é entregue uma missão de responsabilidade incomensurável, tanto fisiológica, quanto espiritual, e que, na maioria das vezes, ela própria não tem o discernimento suficiente para compreender e dimensionar.

Mas, analisemos que outras responsabilidades estão sendo olvidadas com o acirramento das discussões sobre a chamada descriminalização do aborto no Brasil. Independentemente da medida legal ser ou não aprovada, ou mesmo do já autorizado aborto do anencéfalo, cabe à sociedade, aos pais e à família, uma responsabilidade infinitamente maior e primária no tocante à educação de seus filhos e filhas, orientando-os a se precaverem de uma gravidez indesejada. Também, orientando-os quanto ao dever de assumi-la se tal vier a acontecer. Isto tudo levando em conta o apoio de todos à preservação do ser gerado, que vulnerável e inocente foi concebido, inobstante qualquer circunstância.

Esta responsabilidade deve desenvolver-se na célula familiar, pois o ato do aborto é quase sempre uma consequência da falta de orientação e amparo da família à gestante, que em circunstâncias diversas, ao descobrir-se grávida, vacila, temerosa da responsabilidade de prosseguir com a gestação. Esse receio deve-se à falta de assistência material para prover sua saúde e a do bebê; da não aprovação dos seus familiares; ou até mesmo da recriminação da sociedade ou comunidade em que vive. Ou seja: o preconceito.

Outra responsabilidade que não pode ser posta à margem do problema é a responsabilidade do Estado. Cabe a este o dever de criar mecanismos que facilitem a adoção do nascituro, promovendo meios para o acompanhamento educacional, da saúde e psicológico da gestante que não pretenda permanecer com a criança após o seu nascimento. Esta atitude a ser adotada pelo Estado importaria, inclusive em respeito à Constituição Federal, lei maior e responsável pela declaração do direito do nascituro de viver e, por consequência, do dever dele próprio - Estado - de assegurar e fazer cumprir suas próprias leis, resguardando o direito à vida de todos os cidadãos, quer nascidos ou por nascer.

Países existem, como a Inglaterra, dotados de instituições de amparo a gestantes, incluindo, aquelas que não desejam assumir a maternidade do nascituro. A instituição acompanha a gravidez, assiste ao parto e recebe a criança, trabalhando a sua futura adoção por terceiros responsáveis e desejosos de possuírem prole. Estas instituições minimizam tanto a prática do aborto clandestino como preservam a saúde da gestante e da criança, proporcionando a esta última uma chance de vida feliz e amparada, no seio de família que pretenda lhe dedicar amor e oferecer-lhe educação.

Aqui mesmo, no Brasil, existem programas avançados neste sentido. Um exemplo é o Programa Recriar - Família e Adoção, na cidade de Curitiba, Estado do Paraná. São objetivos da entidade:

> **1.** Prevenir o abandono de crianças e adolescentes;
>
> **2.** Orientar e auxiliar as famílias e as gestantes carentes encaminhando-as a órgãos competentes buscando prover suas necessidades sejam de ordem econômica, psicológica médica, jurídica e demais que se fizerem necessárias;
>
> **3.** Estimular a guarda, adoção e tutela, como alternativas à institucionalização de crianças e adolescentes abandonados;
>
> **4.** Defender a efetivação por parte da sociedade em geral e do poder Público em especial, das disposições do Estatuto da Criança e do Adolescente;
>
> **5.** Manter a possibilidade de convivência em lares substitutos (família alternativa composta por um grupo de crianças orientadas por uma monitora convivendo em cada abrigo) ou lares guardiões (família bem constituída que terá a guar-

da de crianças abandonadas sem, porém, o compromisso de efetivar a adoção) enquanto espera retornar ao lar de origem ou conseguir família substituta;

6. Promover e direcionar esforços na tarefa de encontrar famílias para as crianças e adolescentes liberados judicialmente para a adoção;
7. Orientar famílias pretendentes à adoção, bem como aquelas que já adotaram, através de encontros, palestras, publicações, depoimentos e debates visando prepará-las em todos os aspectos, através da troca de experiências e apoio;
8. Divulgar a importância da prática da Adoção, Guarda e Tutela pelas formas e maneiras mais eficazes;
9. Funcionar como órgão voluntário auxiliar das Varas da Infância e da Juventude, ou outro órgão competente, no que diz respeito à Adoção, Guarda e Tutela;
10. Interagir em sintonia com as Comissões Estaduais Judiciárias de Adoção, bem como manter estreito relacionamento com o maior número possível de Conselhos Tutelares, de forma a interiorizar o alcance das ações desenvolvidas;
11. Sensibilizar dirigentes, tanto governamentais quanto nas organizações produtivas privadas e entidades inter-

nacionais, com vista à obtenção de suporte econômico-financeiro, quer em contribuições pecuniárias, quer no apoio logístico nas atividades em suas diversas fases;

12. Sensibilizar famílias estruturadas para a possibilidade da adoção como parte do planejamento familiar;

13. Envolver dirigentes e afins que atuam diretamente nos abrigos de crianças e adolescentes oficiais ou não;

14. Quaisquer outras atividades correlatas e afins, que sejam complementares ou que possam interessar direta ou indiretamente aos objetivos das sociedades.

Creio seja necessário à família brasileira atentar para estas realidades, orientando seus jovens no seio familiar e cobrando do Estado, ou seja do poder público, uma postura mais adequada à solução do problema, pois, se a mera existência de legislação e punição bastasse para minimizar a prática de crimes pela população, não haveria mais criminalidade no País. Entretanto, os casos de violência e delitos contra a vida, ao invés de reduzir, só aumentam, e isso se deve a fatores que merecem especial atenção do poder público tais como: a pobreza, a fome, o tráfico de drogas, educação que não alcança a todos; o desemprego e muitos outros.

A experiência italiana

O dr. Humberto Vieira, ex-assessor do Senado Federal e sobrinho do bispo Florêncio, de Amargosa, Bahia, idealizou e fundou, na Capital Federal, a associação Pró-Vida, com filiais em todos os Estados e cidades brasileiras onde houvesse sensibilidade para o grave problema do aborto. A instituição de caráter ecumênico, levou dom Lucas Neves, então cardeal arcebispo primaz do Brasil, em Salvador, a convidar outros segmentos religiosos a participar. E convidado foi, também, Joseval Carneiro, então presidente da Federação Espírita do Estado da Bahia, que assentiu, naturalmente, com os objetivos do recente projeto. E este, implantado foi, tendo como vice-presidente o simpático padre belga André Seutin.

É Joseval quem narra:

"Nas inúmeras reuniões, na residência episcopal, no Largo do Campo Grande (Praça 2 de Julho), presidida pelo saudoso dom Lucas Neves, tomamos contato com imenso material gráfico e eletrônico, das entidades congêneres em todo o mundo, entusiasmados pela grandeza do projeto, que foi inclusive objeto de um artigo, de nossa autoria, publicado na revista *O Reformador*, da Federação Espírita Brasileira. (FEB)

E, dentre as motivações que verificamos, encontrava-se a experiência de dom Lucas Neves, em Florença, Itália, onde militou. Existe naquela cidade, segundo o valoroso cardeal mineiro, da família do também saudoso presidente Tancredo Neves, cerca de 400 instituições voltadas para abrigar jovens portadoras de gravidez indesejável. Tentamos adaptar a ideia e desenvolver o projeto em Salvador, mas a mudança do culto cardeal e, depois, a sua desencarnação, não permitiram maiores avanços. Mas ficou a ideia, germinada, acolhida nas mentes dos que se envolvem, ainda hoje, com o projeto. A campanha Pró-Vida, que não deve ser confundida aqui com a Central Geral do Dízimo, não se vincula apenas à luta antiaborto, mas propõe também nova postura ante a pena de morte e eutanásia. Sua missão é levar o homem a defender a vida em todas as circunstâncias, em vez de interrompê-la ou abreviá-la."

O projeto Pró-Vida

Como dito no capítulo anterior, o movimento Pró-Vida seria uma cruzada pelo fim do aborto, da pena de morte e da eutanásia, assuntos explorados na presente obra, a fim de sensibilizar a comunidade e despertar as mentes para nova realidade. Há milhares de jovens no Brasil que, ao cometer tal prática, arrastam atrás de si sérios problemas, de ordem legal, fisiológico, psicológico ou espiritual. Por outro lado, observa-se também que há numerosos casais que se dispõem a adotar crianças, notadamente as de tenra idade, mas que pelas dificuldades do processo de adoção, ou até mesmo, por falta de informações adequadas, terminam por praticar atos ilícitos e respondem a processo penal perante os Tribunais.

Há, portanto, um espaço enorme, um vazio a ser preenchido, que os objetivos altruísticos do Pró-Vida poderiam suprir, desde que o projeto contasse com a interveniência das autoridades do poder público, do Judiciário e da colaboração de entidades não-governamentais ou organismos que viessem preencher as corretas condições e requisitos.

Já verificamos, por dados estatísticos divulgados, que França, Itália e Alemanha, dentre outros países, experimentam uma singular condição de "países de um filho só", como foram apelidados. Estes países, com baixa parcela de população economicamente ativa, o que acarreta baixo volume de contribuições previdenciárias e uma grande parcela de idosos na estrutura demográfica. Ao mesmo tempo, muitos casais experimentam a necessidade afetiva de um filho. Daí o motivo porque buscam, em países outros, a adoção, legal ou ilegal.

O Brasil tem sido procurado em razão das afinidades étnicas com o povo europeu, pela semelhança de caracteres morfológicos. Mas os morenos ou pardos, como denomina a legislação, e também os de epiderme escura são buscados, para adoção, numa demonstração, saudável, de que o que importa não é a cor da pele.

As dificuldades legais, porém, são muitas, por conta de medidas protetoras. E, igualmente, a insuficiência de crianças aptas à adoção, em que pesem os numerosos casos de abortamento. Assim, há um importante espaço a ser preenchido. Um encontro de situações com o qual o poder público precisa se sensibilizar, apoiando projetos sérios, criando regras rígidas reguladoras, para impedir o mau uso do sistema de adoção, fiscalizando antes, durante e depois da adoção, para constatar a consecução do fim colimado.

Mas o Brasil é um país de muitas leis. Uma delas, a de nº 12.010, de 3 de agosto de 2009, dispõe sobre a adoção, alterando, inclusive, o Estatuto da Criança e do Adolescente e dando outras providências, entre as quais, a concessão de apoio às gestantes ou mães que manifestem interesse em entregar seus filhos para adoção.

Observemos alguns aspectos do texto legal:

A Lei dispõe sobre o aperfeiçoamento da sistemática prevista para garantia do direito à convivência familiar a todas as crianças e adolescentes, em total afinidade com as normas já previstas pelo Estatuto da Criança e do Adolescente.

Prevê a intervenção do Estado para priorizar a orientação, apoio e promoção social da família natural, junto a qual a criança e o adolescente devem permanecer, ressalvada, é claro, a absoluta impossibilidade, demonstrada por decisão judicial fundamentada. E inclusive, na impossibilidade de permanência na família natural, a criança e o adolescente poderão ser colocados sob adoção, tutela ou guarda.

A Lei, também, dota o Poder Público do dever de proporcionar assistência psicológica à gestante e à mãe, no período pré e pós-natal, inclusive como forma de prevenir ou minorar as consequências do estado puerperal. E a assistência deverá ser também prestada a gestantes ou mães que manifestem interesse em entregar seus filhos para adoção. E as gestantes ou mães que manifestem interesse em entregar seus filhos para adoção e estas, inclusive deverão ser obrigatoriamente encaminhadas às Varas da Infância e da Juventude.

Parece-nos, portanto, que a questão maior a ser discutida não é exatamente se a nova lei de descriminalização do aborto deve ou não ser promulgada, visto que esta somente amplia outras normas já existentes no atual Código Penal Brasileiro quanto às possibilidades da prática do aborto voluntário. E, repetimos, não cremos que a mera promulgação vá sequer reduzir o número de abortos clandestinos no País. A experiência tem revelado, ao longo dos anos, que a promulgação pura e simples de qualquer legislação, sem um trabalho preventivo e orientador da comunidade, não é meio hábil para a solução de problemas de natureza social. A questão mais grave que deveria ser posta sob análise pelo Estado é a conscientização da sociedade, da família e das mulheres em como lidar com a gravidez indesejada, respeitando, prioritariamente, o ser advindo do ato sexual praticado sem as devidas precauções e resguardando ao nascituro o seu direito à vida.

Orientação, educação, amparo social e financeiro do Estado através de instituições afins, da família e da sociedade como um todo, além do doutrinamento espiritual da mulher e da família, tornam-se definitivamente necessários, independentemente da legislação a ser aprovada, para que a gestante possa decidir de forma consciente o destino do ser que gerou, sem que a última alternativa seja a de matá-lo ou abandoná-lo, condenando-o a um destino incerto e à mercê da própria sorte.

Do ser unicelular. O embrião

Vamos relembrar como se inicia o milagre da vida. São de 300 a 500 milhões de espermatozoides, na corrida em busca do ovo, para fecundá-lo. É a Natureza agindo em favor da perpetuação da espécie. Mais que isso, é a oportunidade do ser retornar à crosta terrestre, para renovar-se, aprender, reeducar-se, realizar a verdadeira Justiça Divina, pelo reencontro consigo mesmo e com antigos amigos e desafetos. Portanto, invulgar oportunidade, não concedida a todos que necessitam e anseiam pela concessão celeste.

Com apenas 0,05mm de comprimento, o espermatozoide avança 2,5cm a cada 8 minutos em demanda das trompas, a partir do canal vaginal e colo do útero, enquanto o ovo desprende-se, pelo mesmo processo de procura do favorecimento da vida. Energias que se atraem, mutuamente, por incrível afinidade psicoespiritual, cada qual carregando específica bagagem atávico-hereditária.

Ao atingir o alvo, o espermatozoide libera uma enzima que favorece a abertura do ovo, fecundando-o, após o que se fecha, imediatamente. Os milhões de espermatozoides que não conseguiram fecundar o óvulo perecerão após duas horas, no meio ácido, e serão reabsorvidos pelo organismo ou expelidos como secreção. O óvulo fecundado, agora com 46 cromossomos (23 do gameta masculino e 23 do gameta feminino), é denominado zigoto, ou embrião, que dará origem ao novo ser.

Nesse grandioso espetáculo da vida, cabe notar que apenas um espermatozoide logra fecundar o óvulo, salvo os casos excepcionais de gêmeos univitelinos ou bivitelinos. Nessa corrida frenética, um espermatozoide em especial é impulsionado por energia superior, mantendo-se à frente dos demais. Que forças genético-espirituais atuaram para que aquele determinado espermatozoide assumisse a dianteira? Que mistério é esse da engenharia genética?

Decorridas 30 horas, desde o zigoto unicelular, este se divide em duas células, que por sua vez darão origem a quatro, oito, dezesseis, assim, sucessivamente, instalando-se, no sexto dia, no endométrio, parede interna do útero que vai abrigar e alimentar o futuro ser. Evolui o embrião. Na nona semana, já é feto, isto é, tem semelhanças com a figura humana. Nesse estágio, mede 3,7cm e já possui todos os tecidos e órgãos. E, na vigésima semana, reconhece a voz materna, e com ela interage, em face da música, da voz, dos ruídos, aos quais manifesta reações. A ultrassonografia detecta nessa fase o coração batendo fortemente. E, ao final da gestação, estará com 60 milhões de células. O milagre da vida se apresenta!... O vagido da criança, conforme ensinam os Espíritos, dá conta de que ela já se encontra entre os vivos.

Gravidez indesejada

A perpetuação da espécie é um projeto do Senhor, e objetiva o aprimoramento da raça humana, pelas sucessivas experiências de vida, mediante a contribuição masculina e feminina, de forma amorosa e desejada, mas, sobretudo, responsável.

Entretanto, por motivos vários, algumas gestantes, surpreendidas pela gravidez inesperada e não desejada, planejam e executam a perda do bebê, gerando para si, para o nascituro, e até para terceiros, uma gama de reflexos, sequelas terríveis, do ponto de vista médico, psicológico, legal e espiritual, que vão deixar marcas indeléveis, incomensuráveis.

A média de idade de iniciação sexual dos brasileiros é aos quinze anos, muitas vezes imaturos e desinformados quanto às práticas, cuidados mínimos, segurança no ato, ensejando as temíveis doenças sexualmente transmissíveis (DST), particularmente a Aids (HIV). A taxa de fecundidade (filho por mulher), segundo o IBGE, atingiu 1,89 em 2008. Em 1940, era de 6,16, passando para 4,35 em 1980.

Em muitos países da Europa, como Alemanha, França, Itália, o problema atingiu a capacidade produtiva da população economicamente ativa, o serviço militar e a cobertura da previdência social. Todavia, o equilíbrio do crescimento vegetativo (diferença entre número de nascimentos e número de mortes) propiciou uma melhor qualidade de vida, que se convencionou medir pelo Índice de Desenvolvimento Humano (IDH), instituído pela Organização das Nações Unidas. Dessa forma, a gravidez responsável desponta como a melhor política populacional, por meio da educação e prevenção. Quanto à correção, há um enorme vazio, como demonstraremos mais adiante, que prescindem do abortamento, realizando um saudável encontro entre a gravidez indesejável e as políticas nacionais de adoção.

No Brasil, dos 54 milhões de adolescentes, quase um terço da população, somente 62% estão ao abrigo da educação formal. Isso significa que há um extravagante contingente de analfabetos. Somente com os acenos da repercussão negativa no Produto Interno Bruto (PIB) é que as autoridades governamentais se sensibilizaram para o magno problema das perdas decorrentes dos abortamentos, e, principalmente, pela ausência de políticas públicas para o sistema nacional das adoções e do controle do menor abandonado e em erro social. Um dos objetivos desta obra é demonstrar a viabilidade econômica e social de políticas públicas voltadas para o equacionamento dessa grave questão.

Fecundação

Artigo de pesquisadores da Universidade da Califórnia, em São Francisco, Estados Unidos, publicado na prestigiosa revista científica *Cell*, revelou elementos até então desconhecidos no processo da fecundação. Mostra-nos, pela primeira vez, como funciona o mecanismo que faz com que um espermatozoide, dentre milhares de cada ejaculação, avance, mais celeremente que os outros, na busca pelo óvulo a ser fecundado. E não apenas aumenta a velocidade, como, também, dá-lhe vigor extra para romper a membrana que envolve o óvulo, penetrar-lhe a intimidade celular, fechando-se em seguida, não mais permitindo o acesso dos demais.

O estudo médico conclui que "é como uma mudança de marcha, para que o carro ultrapasse uma barreira, um impulso extra que permite romper a proteção externa do óvulo". O trabalho, científico, volta-se para a busca de um anticoncepcional - não abortivo, portanto - que impeça a fecundação, sem repercussão nos outros órgãos do corpo humano, tampouco sequelas químicas ou mecânicas, efeitos colaterais. Esse avanço da célula fecundante mais hábil, mais capaz, é que determina o genótipo do futuro ser, do embrião, com sua aparência física e vigor orgânico, o cerne de muitas doenças de nascença.

Mas é o médico desencarnado André Luiz, pela psicografia do saudoso Chico Xavier, em sua obra *Missionários da luz*, capítulo 13, quem nos dá a explicação mais completa, quando narra a corrida do espermatozoide, avanço de 3mm por poucos minutos, aproximadamente, a partir do colo do útero e em demanda das trompas para encontrar-se com o óvulo descendente e fecundá-lo, tudo assistido pela Espiritualidade Superior, no silêncio sublime daquela marcha pela nova existência. As disposições cromossômicas são analisadas, carga hereditária de cada Espírito reencarnante, em face do potencial do óvulo e do espermatozoide, energias que se atraem por uma força invisível, superior e que determina a união, pelo processo de aceleração das células convergentes, presidindo o trabalho da escolha do sexo e da organização biológica. É o encontro divino de dois seres, homem e mulher, que vão fornecer material genético compatível com o avanço espiritual do ser reencarnante.

E um axioma do Evangelho resplende a sabedoria do Cristo. "O que é da carne provém da carne; mas o que é do Espírito provém do Espírito." O Mestre não podia ainda dizer tudo, mas a metáfora encerra o ensinamento que hoje o Espiritismo desdobra à luz da Codificação. Há Espíritos moralmente elevados que reencarnam em lares simples, e a despeito das dificuldades do meio assumem a condição de missionários. Outros, a despeito da saúde frágil e deficiências orgânicas, logram realizar tarefas sublimes, suportando com nobreza e coragem a prova a que são submetidos. A inteligência, as aptidões inatas para as artes ou os pendores nobres para o Bem, tudo o que é patrimônio do Espírito prevalecerá sobre a carne, ainda que tais virtudes não sejam encontradas nos pais biológicos.

O inverso também ocorre. Lares equilibrados, onde o respeito e a dignidade presidem as relações familiares, poderão receber filhos rebeldes, impermeáveis aos conselhos e orientações dos genitores. Vemos tal acontecer entre pessoas de bem – juízes, médicos, professores, pessoas de ilibada conduta moral – e que enfrentam rudes decepções no campo familiar: filhos que se atiram às drogas, ao vício e ao sexo irresponsável, recusando conselhos e malbaratando oportunidades grandiosas de crescimento.

Fecundação e prova

A trama genético-hereditária vai determinar a necessidade de um Espírito reencarnar, nessa ou naquela família ou casal.

Laços do passado, vão ensejar, por livre escolha do reencarnante, que pede, genericamente, uma oportunidade de resgatar dívidas, ao padecer sofrimentos atrozes, fruto da consciência culpada.

Assim, a divindade, pela engenharia genética e com a ajuda incomensurável das falanges do bem e do amor, objetivando amenizar o clima perispiritual do planeta, ensejam o reencontro fraterno e amoroso de antigos desafetos, unidos pelos laços da carne, em processos multirrepetidos no orbe terreno, onde vão apagar as vicissitudes que lhes atormentam a mente ou o Espírito, oportunizando a elevação espiritual, o equilíbrio psicossomático.

Os processos reencarnatórios são compatibilizados pelas leis inexoráveis de causa e efeito, pelas afinidades espirituais, pelos laços de amor, e, também, de desamor, que atraem uns para os outros, no sentido da redenção e plenitude.

Espíritos adredemente preparados passam a conviver, via de regra na psicosfera daqueles que os acolherão em generoso conúbio amoroso, cumprindo o superior desiderato da Espiritualidade.

O ser reencarnante acomoda-se, apequena-se, de modo nanoespiritual, para aninhar-se no leito divino, uterino, onde vai estagiar por alguns meses, até que a *délivrance* se processe, mantendo a consciência, que vai pouco a pouco se apagando, para dar lugar a uma nova existência, a fim de que não resultem máculas no processo reparatório. E, muitas vezes, essa memória persiste nos primeiros anos de vida extrauterina, sendo, até mesmo, objeto de pesquisadores, nos estudos do *déjà vu*, ou seja, do já visto.

A literatura é pródiga acerca das lembranças de vidas passadas, o que mais adiante abordaremos.

Genocídio inconcebível

A cada 26 segundos uma mulher pratica um aborto na União Europeia, ou 3.300 abortos por dia, constituindo a circunstância na principal *causa mortis* no Velho Continente. Relatório do Instituto de Política Familiar revela que se realizam mais de 1,2 milhão de abortos por ano nos 27 países da UE. São 28 milhões de abortos em 15 anos (1994-2008), o equivalente à população de países como Romênia e Holanda, ou quase toda a população da Dinamarca, Eslovênia, Estônia, Lituânia, Malta, Luxemburgo e Chipre. (Fonte: IPF).

"Um fracasso do governo", afirma Eduardo Hertfelder, presidente da International Partfinder Federation, que considera "necessário e urgente" o apoio econômico para a mulher grávida e informações prevencionistas fundadas nas práticas do aborto. "Continuar a esconder a realidade não é a solução", diz o IPF, sugerindo um compromisso firme em favor da vida, uma política eficaz de prevenção e ajuda às mães grávidas, para que possam ter as suas crianças, considerando o aborto como uma forma de violência contra as mulheres e contra os seres indefesos. "Assim que é concebido, o homem é um homem", assegura o prof. Jerome Lejeune, pai da Genética Moderna. E "o aborto é um roubo infinito", conclui o famoso escritor Mário Quintana.

Cai o índice de fecundidade

Na aristocracia feudal, a atividade do campo, basicamente fonte do poder econômico, necessitava de braços humanos para tocar a lavoura e a pecuária. Mas as famílias prolíferas foram substituídas pela família de um filho só, baseada na teoria da "qualidade de vida", sem falar-se no crescente zelo pelo perfil físico da mulher e na aparência, decorrente da maternidade, deixando em segundo plano a divindade da concepção.

Assim o Brasil, mediante o controle pelos anticoncepcionais, e, modernamente, em face do HIV (Aids), através do uso da camisinha, para evitar-se doenças sexualmente transmissíveis, atingiu um controle estatal da fecundidade (filho por casal) hoje estimado em torno de 1,8, aproximadamente. A gravidez de adolescentes, entre 10 e 19 anos, caiu 34,6% na última década, segundo o Ministério da Saúde do Brasil, embora seu ministro haja proclamado, recentemente, em rede de TV, que é preciso fazer mais sexo, para prevenir acidentes vascular-cerebrais, que acometem 300 mil pessoas por ano, no País, a mais ocorrente *causa mortis* da nação. Caiu a gravidez de adolescentes de 679.358 no ano 2000 para 444.056 no ano 2009, verificando-se a maior redução nos Estados do Centro-Sul.

Sem dúvida, uma política governamental mais consciente e uma educação familiar, desde a escola, melhoram a qualidade de vida, mormente evitando a gravidez indesejável, propiciando uma maternidade mais responsável. Recente lei denominada como "lei drogada" por alguns mestres do Direito, admite a paternidade pela simples recusa do homem em submeter-se ao exame do DNA, o que apressa a decisão judicial sobre o pagamento de pensão alimentícia, gerando mais responsabilidade e proteção ao bebê e sua mãe.

Amor de mãe

Uma adolescente, de quinze anos apenas, trajando roupa de enfermeira, na Zona Sul da cidade de São Paulo, conseguiu subtrair um recém-nascido de apenas um dia, sem ser notada, deixando o Hospital furtivamente. Ela perdera o bebê, de quatro meses de gestação, e vulnerada, descontrolada, sem noção do que fazia, praticou o reprovável gesto, deixando a mãe do bebê totalmente atônita e desesperada. Duas mães. Duas jovens, cheias de amor para dar. Não pensou uma delas que poderia engravidar novamente. Ou que poderia até mesmo adotar! Queria aquele menino. Era o que estava mais próximo. Chegara mesmo a amamentá-lo, segundo disse, depois, ao delegado, ao devolver a criança, arrependida. Foi encaminhada, por menor, às autoridades, que orientarão a sua vida.

Lembramo-nos de Salomão e sua sabedoria, ao ordenar cortar um bebê ao meio par satisfazer duas mulheres que reclamavam a maternidade de uma mesma criança. A ordem fez que a verdadeira mãe renunciasse, para que o filho não sofresse. A mãe verdadeira abdicava-se do direito, para manter o menino vivo. E Salomão fez então que a criança lhe fosse devolvida.

Mas fica o sentimento maior, de que o pequeno ser, aninhado no ventre materno, produz uma interligação inconfundível, inexplicável, que só a Espiritualidade Superior pode justificar.

Ao evoluir da gravidez, mesmo que indesejável, por motivos vários, mais fortes ficam os laços que se interligam entre si, criando uma obrigação material e espiritual bilateral, de afeto e troca, que vão redimir dívidas passadas, ou edificar um trabalho produtivo futuro.

Proteção à gestação - Prole numerosa

> *Êxodo 21:22:* Se alguns homens brigarem, e um ferir uma mulher grávida, e for causa de que aborte, não resultando, porém, outro dano, este certamente será multado, conforme o que lhe impuser o marido da mulher, e pagará segundo o arbítrio dos juízes.

Como se observa, o aborto já constituía crime na face da Terra desde os primórdios da civilização. O homem sempre buscou preservar direitos relacionados com sua descendência, fator de importância vital à perpetuação da existência humana e da família. Ter descendentes sempre significou muito para a raça humana, precipuamente porque necessário era para o homem perpetuar os genes de sua família em sua descendência, que, quanto mais numerosa fosse, melhor, tanto para o prestígio do patriarca quanto para a preservação do patrimônio. Basta que verifiquemos alguns exemplos nas escrituras sagradas:

Nos capítulos 29 e 30 do livro *Gênesis* há a descrição do nascimento da maioria dos filhos de Jacó. Leia, sua primeira esposa, deu à luz quatro filhos: Ruben, Simeão, Levi e Judá (Gênesis 29:31-35). Raquel não havia tido filhos, então deu sua serva Bilá a Jacó. Bilá, por sua vez, gerou Dã e Naftali (Gênesis 30:1-8). Vendo que não estava mais concebendo, Leia deu sua serva Zilpa a Jacó como esposa, e esta concebeu Gade e Aser (Gênesis 30:9-13). Porém, Leia queria, ainda, mais filhos. Então elaborou um plano quando viu que seu filho mais velho havia achado algumas mandrágoras no campo. Ela trocou as mandrágoras *(acreditava-se que estimulavam a concepção)* pelos serviços de Jacó (Gênesis 30:14-15). Leia então concebeu os filhos, Issacar e Zebulom, seguindo-os uma filha chamada Diná (Gênesis 30:14-21).

Finalmente, dizem as escrituras que Raquel concebeu seu primeiro filho, José (Gênesis 30:22-24) e tempos depois, gerou o último filho de Jacó - Benjamim. Desta sorte, segundo os registros do Velho Testamento, foram estes os filhos de Jacó.

Dito isto, podemos constatar algumas características da família hebraica naquela época, a família no Antigo Testamento:

1. Ser uma família numerosa, também denominada clã.

2. Ser uma entidade econômica, incluindo escravos e assalariados.
3. Era perfeitamente normal dela fazerem parte dezenas, até centenas de pessoas que residiam numa única aldeia ou em várias comunidades.
4. Ser a solidariedade um dever entre os membros da família.
5. Ser a família patriarcal. O pai era senhor e o chefe de toda a família, quase sempre muito grande. Prova disto é que o casamento era, na realidade, a introdução da mulher na casa do pai do noivo e não, vice-versa.
6. A família era endogâmica, ou seja, dava-se preferência a casamentos entre parentes consanguíneos, preservando-se, desta forma, tanto a manutenção do patriarcado quanto a integridade do patrimônio familiar.

Um bom exemplo destas práticas é o registro do servo de Abraão que viajou por toda a terra natal do patriarca Isaac, com o intuito de procurar uma esposa para o filho deste. (Gênesis 24:1 a 67.)

Abraão, já avançado em idade, ordenou ao servo mais velho de sua casa que buscasse uma mulher para seu filho Isaac, pedindo que não fosse escolhida dentre as filhas dos cananeus, no meio dos quais ele - Abraão - já habitava. Ordenou, então, ao servo, que fosse à sua terra natal e junto a seus parentes escolhesse uma esposa para seu filho. Assim, o servo partiu para a Mesopotâmia, especificamente, para a cidade de Naor. E em lá chegando, aproximando-se de um poço, pediu a Deus que o auxiliasse na escolha. Aquela dentre as mulheres que ali se dirigissem para apanhar água e a quem ele pedisse para beber, se ela desse, também, água aos camelos, deveria ser a indicada. E sucedeu que Rebeca, que era filha de Betuel, portanto filho de Milca, e de Naor, (irmão de Abraão), saía com o seu cântaro sobre o ombro. Era muito formosa, e o servo foi-lhe ao encontro pedindo um pouco de água. Ela lhe deu de beber e logo depois ofereceu água para saciar os camelos da caravana. Assim, a esposa de Isaac foi escolhida, uma mulher dentre os parentes do próprio Isaac.

E também, ao longo da história, prioritariamente no sistema monárquico, a vasta prole costumava ser um costume. Muitos filhos para um rei representavam a continuidade da sua dinastia, uma vez que, inclusive, a morte precoce das crianças era bastante comum, em face da inexistência de medicamentos para debelar graves infecções, a exemplo dos antibióticos, bem como, também, da ocorrência de moléstias graves, que hoje são evitadas com os programas de vacinação em massa, como a tuberculose, varíola, tétano, poliomielite etc...

Dom João III, por exemplo, décimo quinto rei de Portugal, filho de Dom Manuel I, foi herdeiro de um vasto império que se estendia por três continentes, e, deve-se a ele, inclusive, a primeira tentativa de povoamento do território brasileiro, primeiro com o sistema de capitanias e depois instituindo um governo geral, com Tomé de Sousa à frente. D. João III nasceu em Lisboa a 6 de junho de 1502 e faleceu na mesma cidade, a 11 de junho de 1557, tendo sido sepultado no mosteiro de Belém. Casou-se em 1525 com d. Catarina, filha de Joana, a Louca, e de Filipe, o Belo. Teve ele numerosa prole.

Do casamento com D. Catarina nasceram:

1. D. Afonso *(nascido em Almeirim, a 24 de fevereiro de 1526; falecido com um mês; sepultado nos Jerônimos)*;
2. D. Maria *(nascida em Coimbra, a 15 de outubro de 1527; falecida em Valhadolid, a 12 de agosto de 1545)*. Foi a primeira esposa, em 1543, de Filipe II de Espanha (1526-1598), sendo mãe do príncipe D. Carlos (1544-1568);
3. D. Isabel *(nascida em Lisboa, a 28 de abril de 1529; falecida em tenra idade; sepultada no Mosteiro dos Jerônimos)*;
4. D. Beatriz *(nascida em Lisboa, a 15 de fevereiro de 1530; falecida pouco depois)*;
5. D. Manuel *(nascido em Alvito, a 1 de novembro de 1531; falecido em Évora, a 14 de abril de 1537; sepultado no Mosteiro dos Jerônimos)*. Nas Cortes celebradas em Évora, no ano de 1535, foi jurado herdeiro da coroa;
6. D. Filipe *(nascido em Évora, a 25 de março de 1533; falecido em 29 de abril de 1539;*

sepultado no Mosteiro dos Jerônimos). Por morte de seu irmão D. Manuel foi jurado herdeiro da coroa;

7. D. Dinis *(nascido em Évora, a 6 de abril de 1535; falecido na mesma cidade, a 1 de janeiro de 1537; sepultado no Mosteiro dos Jerônimos)*;
8. D. João *(nascido em Évora, a 3 de junho de 1537; falecido em Lisboa, a 2 de janeiro de 1554; sepultado no Mosteiro dos Jerônimos)*. Foi jurado herdeiro da coroa em 1539, por morte de seu irmão D. Filipe, casando, em 1552, com D. Joana, filha de Carlos V e de D. Isabel de Portugal. Do consórcio veio a nascer, póstumo, D. Sebastião, que herdou a coroa;
9. D. António *(nascido em Lisboa, a 9 de março de 1539; falecido em 20 de janeiro de 1540; sepultado no Mosteiro dos Jerônimos)*.
10. D. Duarte *(nascido em Lisboa, em 1521; falecido na mesma cidade, a 11 de novembro de 1543)*.

Também D. Pedro I do Brasil e IV de Portugal *(nome completo: Pedro de Alcântara Francisco António João Carlos Xavier de Paula Miguel Rafael Joaquim José Gonzaga Pascoal Cipriano Serafim de Bragança e Bourbon)*, que nasceu em Queluz a 12 de outubro de 1798 e faleceu, também, em Queluz, a 24 de setembro de 1834; primeiro imperador do Brasil (de 1822 a 1831) e 28º rei de Portugal, do mesmo modo deixou vasta descendência, incluindo filhos advindos de relacionamentos havidos fora do matrimônio.

D. Pedro era filho de D. João VI de Portugal, rei de Portugal, Brasil e Algarves e dona Carlota Joaquina de Bourbon, infanta da Espanha. Foi Pedro o primeiro imperador do Brasil e IV Rei de Portugal, dos Algarves d'aquém e d'além mar. Seu maior legado, todos sabemos, foi o de ter garantido a integridade territorial de um Império de proporções continentais, permitindo aos habitantes de regiões longínquas do norte na nascente do rio Ailã em Roraima, ao sul no arroio Chuí no Rio Grande do Sul, ao leste em Ponta do Seixas na Paraíba e a oeste na nascente do rio Moa, no Acre, considerarem-se pertencentes a uma única nacionalidade: a brasileira.

D. Pedro I era, também, um imperador honrado e detentor de muitos títulos:

- **1798-1816**: Sua Alteza, o Príncipe da Beira.
- **1816-1822**: Sua Alteza Real, o Príncipe Real do Reino Unido de Portugal, Brasil e Algarves.
- **1822-1831**: Sua Majestade Imperial, o Imperador Constitucional e Defensor Perpétuo do Brasil.
- **1826-1828**: Sua Majestade Fidelíssima, El-Rei de Portugal e dos Algarves d'Aquém e d'Além Mar em África e Senhor da Guiné e da Conquista, Navegação e Comércio da Arábia, Pérsia e Índia.

1828-1834: Sua Majestade Imperial e Real, o Duque de Bragança.

Teve o imperador prole numerosíssima, ao todo 18 filhos. De sua esposa em primeiras núpcias, a Imperatriz Leopoldina, arquiduquesa da Áustria, nasceram:

- D. Maria II, rainha de Portugal (1819-1853), casada por procuração com seu tio, D. Miguel I, rei de Portugal, em primeiras núpcias com Augusto de Beauharnais, duque de Leuchtenberg, e em segundas núpcias com o príncipe Fernando de Saxe-Coburgo-Gota, rei consorte de Portugal;
- Infante D. Miguel de Bragança (1820), príncipe da Beira;
- Infante D. João Carlos de Bragança (1821-1822), príncipe da Beira;
- D. Januária Maria (1822-1901), princesa imperial do Brasil, casada com o príncipe Luís de Bourbon e Duas Sicílias, conde de Áquila;
- D. Paula Mariana (1823-1833);
- D. Francisca (1824-1898), princesa do Brasil, casada com o Francisco Fernando de Orléans, príncipe de Joinville;
- D. Pedro II (1825-1891), imperador do Brasil, casado com D. Teresa Cristina de Bourbon e Duas Sicílias, princesa de Duas Sicílias.

De sua esposa em segundas núpcias, dona Amélia de Leuchtenberg, imperatriz do Brasil (1829–1831), duquesa de Leuchtenberg e de Bragança, nasceu:

- D. Maria Amélia de Bragança (1831-1853), princesa do Brasil.

De sua amante, Domitília de Castro e Canto Melo, marquesa de Santos:

- Isabel Maria de Alcântara Brasileira (1824–1898), duquesa de Goiás, casada com Ernesto José João Fischler von Treuberg, conde de Treuberg;
- Pedro de Alcântara Brasileiro (1825-1826);
- Maria Isabel de Alcântara Brasileira (1827–1828), duquesa do Ceará;
- Maria Isabel II Alcântara Brasileira (1830–1896), que se casou com Pedro Caldeira Brant, conde de Iguaçu.

Com a francesa Noémi Thierry teve:

- Pedro, falecido antes de completar um ano;
- Uma menina, falecida antes de completar um ano.

Com Maria Benedita de Castro Canto e Melo, baronesa de Sorocaba e irmã da marquesa de Santos, teve:

- Rodrigo Delfim Pereira.

Com a uruguaia María del Carmen García teve uma criança natimorta.

De sua amante francesa Clémence Saisset teve:

- Pedro de Alcântara Brasileiro.[2]

E finalmente, com a monja portuguesa Ana Augusta, teve outro menino de nome Pedro.

Contudo, apesar das aparências em função de suas leviandades nos relacionamentos amorosos, historiadores nos informam que D. Pedro foi muito bom pai, acostumado a brincar com os filhos e lhes ministrar pessoalmente remédios e outros cuidados médicos. O historiador Otávio Tarquínio relata como o imperador ficara consternado com a morte de cada um de seus filhos. O corpo da menina que tivera com Noémi Thierry foi, a seu mando, embalsamado e trasladado para a Quinta da Boa Vista, onde ali permaneceria velado pelo regente até sua partida do Brasil. Maior tristeza lhe abateu quando da morte do príncipe da Beira,

---

2 **Fonte:** Joaquim Veríssimo Serrão – História de Portugal, Volume III: O Século de Ouro (1495--1580), Lisboa, Verbo, 1978.

Fonte: Lustosa, Isabel. D. Pedro I. São Paulo: Companhia das Letras, 2007 Vainfas, Ronaldo. Dicionário do Brasil Imperial. Rio de Janeiro: objetiva, 2002. Pedro I do Brasil - wikipédia, a enciclopédia livre.

D. João Carlos de Bragança, a quem, em seu leito de morte, deu-lhe o "último beijo" e a "derradeira bênção paterna". Mesmo no exílio, manteve constante comunicação com D. Pedro de Alcântara, futuro Pedro II do Brasil, por cartas enviadas até mesmo no curso das Guerras Liberais.

Mas, tanto o povo quanto os costumes, com o passar dos tempos, sofreram grandes mudanças. As mulheres foram, paulatinamente, conseguindo sua emancipação e hoje são donas dos seus corpos, mentes e destino, pelo menos, na maior parte do globo terrestre e mais, ainda, no mundo moderno ocidental. Profissionalizaram-se, tornaram-se capazes de ganhar o seu próprio sustento e colaborar com a manutenção da família, algumas chegando a ser o arrimo de um ou de vários lares ao mesmo tempo. Contudo, ainda restam muitas conquistas a alcançar, principalmente, para aquelas que se encontram dependentes, financeiramente, de seus próprios pais, maridos ou outros membros da família, o que, infelizmente, ainda constituem elevado número.

Entretanto, a importância do *homem macho* deixou de medir-se pelo número de filhos, mas, sim, pelo caráter da prole que ele gera. Os pais passaram a querer filhos que se tornassem bons profissionais e, para tanto, passaram a investir na educação deles. E não se pode hoje dar uma educação privilegiada a uma numerosa prole. Educa-se bem melhor quando a prole é reduzida, pois, quem pode custear, já com sacrifícios, os estudos de dois, vai sacrificar-se bastante para custear os estudos de três ou quatro filhos. Desta forma, o controle da natalidade se impôs como uma regra básica e de inteligência a todo casal moderno.

Mas, é justamente neste controle da natalidade que reside o risco. O ser humano deve adotar técnicas para o controle do número de filhos que pretende ter. Contudo, não deve manejar as técnicas que se destinam à supressão da vida dos seres que gerou, em face de seus descuidos quanto ao controle da natalidade.

A educação espiritual, moral e sexual torna-se necessária para evitar a concepção de filhos não desejados. E filhos concebidos de forma irresponsável é fonte de traumas irreversíveis. É necessário respeitar a vida daqueles seres que ainda não podem se expressar e que ocupam o ventre materno de forma inocente, ventre que deve servir-lhes como um templo de amor, proteção e preservação à vida, preparando-lhes a formação como ser humano, para a missão que lhes foi destinada pelo plano superior.

É tão importante saber gerar um filho, quanto saber amá-lo e bem educá-lo!...

Capítulo IV

Suicídio

"A calma e a resignação adquiridas na maneira de encarar a vida terrena, e a fé no futuro, dão ao Espírito uma serenidade que é o melhor preservativo contra a loucura e o suicídio."

(O Evangelho segundo o Espiritismo – Cap. V)

NEM SEMPRE as doenças, as perdas financeiras ou as graves depressões advindas de variadas causas são os males que conduzem o indivíduo ao suicídio. Ideias materialistas, incertezas quanto ao futuro, e tentativa de fuga dos graves problemas da vida podem, também, promover uma fraqueza de ordem moral, fragilizando a mente humana e desencorajando o organismo físico a lutar e prosseguir com a vida.

Há o suicídio consciente e o suicídio inconsciente. Mas, em todos os casos, as consequências são por demais dolorosas, porque, para o Espírito, a morte não existe, e a mera falência dos órgãos não impede o homem de prosseguir na senda espiritual. Os suicidas deverão retornar à Terra em novas reencarnações, passando por expiações aflitivas.

Joanna de Ângelis nos fala destas consequências no livro *Após a tempestade*:

> Aqueles que esfacelam o crânio, reencarnam com a idiotia, surdez-mudez, dependendo da parte do cérebro afetada; os que tentaram o enforcamento, reaparecem, com os processos da paraplegia infantil; os afogados com enfisema pulmonar; tiros no coração, cardiopatias congênitas irreversíveis; os que se utilizam de tóxicos e venenos, sofrem sob o tormento das deformações congênitas, úlceras gástricas e cânceres. Espera pelo amanhã, quando o teu dia se te apresente sombrio e apavorante. Se te parecem insuportáveis as dores, lembra-te de Jesus, ora, aguarda e confia.

A mensagem de Joanna é maravilhosa. Acreditar no amanhã sempre é o melhor remédio para os momentos de desespero. E por maior que seja a tua desdita, ter fé em Jesus e seguir em frente há de trazer, com certeza, recompensas futuras. Não há dor que não cesse. Não há infelicidade que impeça a felicidade de se aproximar de ti novamente. Não há tristeza que ofusque para sempre a alegria de mais um dia de vida. Olhe para os lados, observe os outros e veja que há sempre alguém com um problema mais grave do que o teu. E buscar a fonte de coragem e energia naquelas pessoas que apesar de tudo prosseguem independente de suas dores, é a melhor lição que temos a aprender.

Há um belo conto denominado "O Náufrago", de autor desconhecido, que nos fala sobre o dia seguinte ao das intempéries e que o inusitado pode acontecer em nosso beneficio, quando tudo parece perdido:

> Após um naufrágio, o único sobrevivente de um navio agradeceu a Deus por estar vivo e ter conseguido se agarrar à parte dos destroços para poder boiar.
> Depois de dias no mar, ele foi parar em uma pequena ilha desabitada e fora de qualquer rota de navegação. Mas ele estava salvo, e, grato a Deus, agradeceu novamente.
> Com muita dificuldade, com os restos dos destroços, ele conseguiu montar um pequeno abrigo para que pudesse se proteger do sol, da chuva de animais e para guardar seus poucos pertences. Como sempre, no final de tudo, agradeceu. Nos dias seguintes a cada alimento que conseguia caçar ou colher, ele agradecia. No entanto, um dia quando voltava da busca por alimentos, ele encontrou o seu

abrigo em chamas, envolto em altas nuvens de fumaça. Vendo aquelas chamas, ficou desesperado e se revoltou contra Deus. Gritava, chorando: "O pior aconteceu! Perdi tudo! Deus, por que fizeste isso comigo?"

Chorou tanto, que adormeceu profundamente cansado. No dia seguinte bem cedo, foi despertado pelo som de um navio que se aproximava.

— Viemos resgatá-lo - disseram.

— Como souberam que eu estava aqui? - perguntou ele.

— Nós vimos o seu sinal de fumaça!

O Livro dos Espíritos, especificamente na Parte primeira, capítulo I - "Desgosto pela vida. Suicídio" - traz-nos uma abordagem profunda sobre o tema, a partir da questão 943. Vejamos:

Questão 943. De onde vem o desgosto pela vida, que se apodera de alguns indivíduos sem motivos plausíveis?

Efeito da ociosidade, da falta de fé e geralmente da saciedade. Para aqueles que exercem as suas faculdades com um fim útil e segundo as suas aptidões naturais, o trabalho nada tem de árido, e a vida se escoa mais rapidamente; suportam as suas vicissitudes com tanto mais paciência e resignação, quanto mais agem tendo em vista a felicidade mais sólida e mais durável que os espera.

Questão 944. O homem tem o direito de dispor da sua própria vida?

Não; somente Deus tem esse direito. O suicídio voluntário é uma transgressão dessa lei.

944-a. O suicídio não é sempre voluntário?

O louco que se mata não sabe o que faz.

Questão 945. Que pensar do suicídio que tem por causa o desgosto da vida?

Insensatos! Por que não trabalhavam? A existência não lhes teria sido tão pesada!

Questão 946. Que pensar do suicida que tem por fim escapar às misérias e às decepções deste mundo?

Pobres Espíritos que não tiveram a coragem de suportar as misérias da existência! Deus ajuda aos que sofrem e não aos que não têm forças nem coragem. As tribulações da vida são provas ou expiações. Felizes os que as suportam sem se queixar, porque serão recompensados! Infelizes, ao contrário, os que esperam uma saída nisso que, na sua impiedade, chamam de sorte ou acaso! A sorte ou o acaso, para me servir da sua linguagem, podem de fato favorecê-los por um instante, mas somente para lhes fazer sentir mais tarde, e de maneira mais cruel, o vazio de suas palavras.

946-a. Os que levaram o desgraçado a esse ato de desespero sofrerão as consequências disso?

Oh! Infelizes deles! Porque responderão como por um assassínio.

Questão 947. O homem que se vê às voltas com a necessidade e se deixa morrer de desespero pode ser considerado como suicida?

É um suicida, mas os que o causaram ou que o poderiam impedir são mais culpáveis que ele, a quem a indulgência espera. Não acrediteis, porém, que seja inteiramente absolvido se lhe faltaram a firmeza e a perseverança e se não fez uso de toda a sua inteligência para sair das dificuldades. Infeliz dele, sobretudo, se o seu desespero é filho do orgulho; quero dizer, se é um desses homens em quem o orgulho paralisa os recursos da inteligência e que se envergonhariam se tivessem de dever a existência ao trabalho das próprias mãos, preferindo morrer de fome a descer daquilo que chamam a sua posição social! Não há cem vezes mais grandeza e dignidade em lutar contra a adversidade, em enfrentar a crítica de um mundo fútil e egoísta, que tem boa vontade para aqueles a quem nada falta, e que vos volta as costas quando dele necessitais? Sacrificar a vida à consideração desse mundo é uma coisa estúpida, porque ele não se importará com isso.

Questão 948. O suicida que tem por fim escapar à vergonha de uma ação má é tão repreensível como o que é levado pelo desespero?

O suicídio não apaga a falta. Pelo contrário, com ele aparecem duas em lugar de uma. Quando se teve a coragem de praticar o mal, é preciso tê-la para sofrer as consequências. Deus é quem julga. E, segundo a causa, pode às vezes diminuir o seu rigor.

Questão 949. O suicídio é perdoável quando tem por fim impedir que a vergonha envolva os filhos ou a família?

Aquele que assim age não procede bem, mas acredita que sim e Deus levará em conta a sua intenção, porque será uma expiação que a si mesmo se impôs. Ele atenua a sua falta pela intenção, mas nem por isso deixa de cometer uma falta. De resto, se abolirdes os abusos da vossa sociedade e os vossos preconceitos, não tereis mais suicídios.

Questão 950. Que pensar daquele que tira a própria vida com a esperança de chegar mais cedo a uma vida melhor?

Outra loucura! Que ele faça o bem e estará mais seguro de alcançá-la, porque, daquela forma, retarda a sua entrada num mundo melhor e ele mesmo pedirá para vir **completar essa vida** que interrompeu por uma falsa ideia. Uma falta, qualquer que ela seja, não abre jamais o santuário dos eleitos.

Questão 951. O sacrifício da vida não é às vezes meritório, quando tem por fim salvar a de outros ou de ser útil aos semelhantes?

Isso é sublime, de acordo com a intenção, e o sacrifício da vida não é então um suicídio. Mas Deus se opõe a um sacrifício inútil e não pode vê-lo com prazer, se estiver manchado pelo orgulho. Um sacrifício não é meritório senão pelo desinteresse, e aquele que o pratica tem às vezes uma segunda intenção, que lhe diminui o valor aos olhos de Deus.

Questão 952. O homem que perece como vítima do abuso das paixões, que, como o sabe, deve abreviar o seu fim, mas às quais não tem mais o poder de resistir, porque o hábito as transformou em verdadeiras necessidades físicas, comete um suicídio?

É um suicídio moral. Não compreendeis que o homem, neste caso, é duplamente culpado? Há nele falta de coragem e bestialidade, e, além disso, o esquecimento de Deus.

952-a. É mais ou é menos culpado do que aquele que corta a sua vida por desespero?

É mais culpado, porque teve tempo de raciocinar sobre o seu suicídio. Naquele que o comete instantaneamente há às vezes uma espécie de desvario que se aproxima da loucura; o outro será muito mais punido, porque as penas são sempre proporcionais à consciência que se tenha das faltas cometidas.

Questão 953. Quando uma pessoa vê à sua frente uma morte inevitável e terrível, é culpada por abreviar de alguns instantes o seu sofrimento por uma morte voluntária?

Sempre se é culpado de não esperar o termo fixado por Deus. Aliás, haverá certeza de que ele tenha chegado, malgrado as aparências, e não se pode receber um socorro inesperado no derradeiro momento?

953-a. Concebe-se que, em circunstâncias ordinárias, seja o suicídio repreensível, mas figuramos o caso em que a morte é inevitável e em que a vida só é abreviada por alguns instantes.

É sempre uma falta de resignação e de submissão à vontade do Criador.

953-b. Nesse caso, quais são as consequências de tal ação?

Uma expiação proporcional à gravidade da falta, segundo as circunstâncias, como sempre.

Questão 954. Uma imprudência que compromete a vida sem necessidade é repreensível?

Não há culpabilidade quando não há a intenção ou a consciência positiva de fazer o mal.

Questão 955. As mulheres que, em certos países, se queimam voluntariamente sobre os corpos de seus maridos, podem ser consideradas como se tendo suicidado e sofrem as consequências disso?

Elas obedecem a um preconceito e geralmente o fazem mais pela força do que pela própria vontade. Elas acreditam cumprir um dever, o que não é característica do suicídio. Sua escusa está na falta de formação moral da maioria delas e na sua ignorância. Essas usanças bárbaras e estúpidas desaparecem com a civilização.

Questão 956. Os que, não podendo suportar a perda de pessoas queridas, se matam na esperança de se juntarem a elas, atingem o seu objetivo?

O resultado para elas é bastante diverso do que esperam, pois, em vez de se unirem ao objeto de sua afeição, dele se afastam por mais tempo, porque Deus não pode recompensar um ato de covardia e o insulto que lhe é lançado com a dúvida quanto à sua providência. Eles pagarão esse instante de loucura com aflições ainda maiores do que aquelas que quiseram abreviar, e não terão, para compensar tais atos, a satisfação que esperavam. (Ver item 934 e seguintes).

Questão 957. Quais são, em geral, as consequências do suicídio sobre o estado do Espírito?

As consequências do suicídio são as mais diversas. Não há penalidades fixadas e em todos os casos elas são sempre relativas às causas que o produziram. Mas uma consequência a que o suicida não pode escapar é o **desapontamento.** De resto, a sorte não é a mesma para todos, dependendo das circunstâncias. Alguns expiam sua falta imediatamente; outros, numa nova existência, que será pior do que aquela cujo curso interromperam.

Passemos, então, querido leitor, a analisar as respostas:

A falta de fé, a ilusão de poder escapar dos desgostos da vida ou a vergonha por uma má ação perpetrada, a perda repentina de entes queridos, os grandes prejuízos financeiros, as graves doenças e a loucura estão entre as causas mais comuns do suicídio. Mas, se o indivíduo tem fé, aguarda por um dia melhor, confia em Deus e afasta o eventual desejo de ceifar a própria vida. E mais ainda: se o homem dedicar-se à realização de um trabalho edificante, independente da tragédia que lhe abateu, adquire forças para prosseguir na vida, porque descobre que outras pessoas necessitam de sua valiosa ajuda para prosseguir com as suas próprias vidas e superar, também, os mais diversos tipos de sofrimento.

No tocante à loucura, entretanto, os Espíritos denominam como "inconsciente" o suicídio derivado deste estado psíquico, visto que o ser humano desprovido de sanidade mental não pode ser responsabilizado por suas infelizes atitudes. E não poderia ser diferente. Até mesmo pelas leis brasileiras, os loucos são considerados incapazes, tanto para os atos da vida civil, quanto no que tange à responsabilidade penal, cuja apuração dos fatos é levada a efeito de forma diferenciada e não com a aplicação das penalidades comuns.

E quando o indivíduo sacrifica a própria vida para salvar a de outros? A resposta dos Espíritos é que este ato pode ser sublime; entretanto, a depender da intenção de quem se deixou morrer, porque Deus se opõe ao sacrifício inútil. Este tipo máximo de sacrifício somente será meritório aos olhos de Deus se for desinteressado, sem segundas intenções e desprovido de orgulho. Pais se sacrificam em diversas tragédias para salvaguardar a vida de filhos. Heróis comuns e homens que trabalham no resgate de vítimas sacrificam suas vidas para salvar a de crianças ou a de pessoas totalmente indefesas, no auge das tentativas mais incomuns e perigosas de um resgate. Testemunhamos estas cenas e ficamos pasmos com a coragem dessas pessoas, em tragédias como terremotos, grandes incêndios, inundações, ventanias, desabamentos, graves acidentes, naufrágios etc. São os heróis comuns, anônimos, profissionais desconhecidos, ou mesmo pessoas do povo, porém, dotadas de tanto amor à vida humana e de forma tão intensa, que pouco lhes importa que o sacrifício da vida seja o da sua própria, para a preservação da existência de outrem.

Ceifar a vida, entretanto, para fugir ao sofrimento, somente trará mais aflição ao Espírito que desta forma agiu. Ilude-se aquele que intenta morrer para escapar da dor. Se as tribulações da vida são provas ou expiações, felizes daqueles que as suportam com resignação, porque serão recompensados. Jesus, no Sermão da Montanha, nos afirmou: *Bem-aventurados os que choram, porque serão consolados*. Portanto, os que sucumbem antes de completar a missão, terão de reiniciá-la em nova existência, com maiores angústias e sofrimento. Relembremos o que ensina Joanna de Ângelis e que registrado está no início deste capítulo.

E que dizer daqueles que induziram outros irmãos à prática do suicídio? Estes sofrerão muito mais, pois, responderão pela prática de homicídio, porque induzir alguém ao suicídio é o mesmo que matar e de forma ainda mais desumana.

Observemos que muito interessante é a resposta da questão 948. Aquele que se mata para escapar da vergonha de seus atos, se engana ao pensar que o suicídio apagará a falta cometida. Ao contrário, surgirão duas faltas a expiar. E, amigos leitores, para a prática do mal só existe um remédio, o sincero arrependimento e a súplica a Deus pelo perdão, tudo isto somado à mudança de atitudes de vida, com a prática da caridade e do auxílio fraterno, para que após a morte, no plano superior, Deus possa avaliar e exercer seu julgamento, amenizando as penas do Espírito que entrou em profundo arrependimento, posto que, transformando-se num ser melhor, torna-se dotado de maior elevação espiritual.

Há, também, o suicídio moral, ou seja, o daquele que perece em face dos abusos que praticou na vida. O que fumou exageradamente, o que se tornou alcoólatra, o que viveu em exagerada fornicação e outras atitudes que levam, aos poucos, o ser humano a uma morte precoce, por causar-lhe debilitação e rápida destruição do organismo. Os Espíritos denominam esta atitude como falta de coragem, bestialidade e esquecimento de Deus. O homem temente a Deus não destrói seu corpo; ao contrário, preserva-o, utiliza-o bem, para melhor servir aos seus semelhantes.

Mesmo nas circunstâncias mais apavorantes e quando o homem se vê na iminência de uma morte com intenso sofrimento, não lhe é dado o direito de abreviar a vida, pois, nada impede que o quadro se transforme e Deus dê ao enfermo a dádiva de mais algum tempo de vida na Terra. Nada é impossível para quem acredita na misericórdia de Deus, e o fardo que recebemos para carregar, somente poderemos depositá-lo aos pés do Altíssimo depois de finalizada a missão.

A Espiritualidade informa que as consequências do suicídio são as mais variáveis, tudo dependendo da intenção de quem o comete e da forma utilizada. Contudo, o desapontamento é sempre certo para o suicida. Após o ato, alguns Espíritos reencarnam para expiar sua falta quase que imediatamente; outros, porém, demoram muito tempo, aguardando a oportunidade de viver uma nova existência para expiar seu erro. A expiação pode demorar pouco ou muito, a depender do reconhecimento do Espírito suicida sobre a falta que cometeu. E sobre as penalidades que padecerá o Espírito encarnado não há regramento absoluto. Contudo, geralmente, estão relacionadas com as causas que o levaram ao suicídio, ou, a forma como foi cometido.

Os suicidas nas Escrituras

E finalmente, apenas a título de ilustração, há na Bíblia cinco casos de suicídio: Sansão (Jz 16.30); Aitofel ou Aitoquel (II Sm 17.23); Zinri (I Rs 16.18, 19); Saul (I Sm 31.4-6); Judas Iscariotes (Mt 27.3-5).

Podemos afirmar que o verbo hebraico usado no Decálogo *(Os Dez Mandamentos)*, para "não matarás", aplica-se, também, ao caso de suicídio, posto que em nada difere para o homem a atitude de ceifar sua própria vida ou a de outrem. A ação continua sendo a de "matar" e portanto, totalmente contrária às leis de Deus. Constatou-se, inclusive, pelas pesquisas, que o índice maior de suicídio ocorre nos países mais ricos e desenvolvidos. As pessoas mais ricas têm numerosas necessidades espirituais, problemas de ordem familiar, de ordem social e de ordem profissional. E as riquezas, por si só, não preenchem o vazio do coração humano, sendo necessário que saibamos utilizar o que recebemos por empréstimo, para não sucumbirmos à tentação do querer sempre ter mais e viver em função, unicamente, do que o dinheiro possa nos trazer.

As grandes fortunas podem ser sufocantes para aqueles que dela não saibam fazer bom uso, principalmente no que se refere ao exercício da caridade. Quando você auxilia os menos favorecidos, passa a ter uma visão diferente e mais humanística da vida, e, via de consequência, não se deixa conduzir pelos deleites da fama, do dinheiro, sucesso e do poder. Lembremo-nos que a porta estreita é a que nos conduz mais rapidamente à redenção.

Pesquisas apontam também que o maior índice de suicídio está na faixa etária dos vinte um aos trinta e cinco, bem como, entre universitários de classe média ou alta.

Mas, vejamos os relatos de suicidas nas escrituras:

A lenda de Sansão

Sansão, cujo nome significa *pequeno sol*, era conhecido por sua força incomum. Poesias e canções foram feitas em sua homenagem. Teria ele nascido por volta de 1090 a.C., dando início à sua missão de juiz pouco tempo depois da *terrível batalha perto de Afegue, por volta de 1070 a.C., quando os filisteus capturaram a arca e incendiaram Silo (1 Sm 4)*. No livro de *Juízes* (capítulos 13 a 16), é narrada a sua história.

Diz a bíblia que quando os israelitas voltaram a pecar contra Deus, como castigo, o Senhor os entregou nas mãos dos filisteus, por quarenta anos (Jz 13:1). Foi nesse tempo que o Anjo do Senhor veio à esposa de Manoá, que era estéril, e lhe garantiu um filho, advertindo-a: *Não corte nunca o cabelo dele, pois ele será consagrado a Deus como nazireu desde o dia do seu nascimento. Ele vai começar a livrar o povo de Israel do poder dos filisteus.* (Jz 13:5 - NTLH).

O *voto de Nazireu* é bem explicado no livro de *Números*, capítulo 6. Nazireu significa *separado para Deus desde o nascimento,* e a pessoa consagrada ao *nazireato* não poderia beber vinho ou bebida alcoólica, comer uva ou algo derivado da vinha; não poderia cortar o cabelo e se aproximar de cadáveres (Nm 6:1-6). Desta forma, conforme dissera o Anjo do Senhor, *a mulher de Manoá deu à luz um filho e pôs nele o nome de Sansão. O menino cresceu, e foi abençoado.*

Mas, alguns consideram que teria Sansão se sacrificado e não cometido o suicídio, vingando-se dos filisteus, que lhe causaram a cegueira, com o fito de subjugá-lo e dele fazer escárnio público. Contudo, sacrifício ou não, a história nos conta que ele se matou, levando, juntamente, com ele, todos que estavam no templo de Dagom (mais de dois mil filisteus), e que se divertiam zombando de sua famigerada condição, após ter sido traído por sua amante Dalila, que, conseguindo a revelação do segredo de sua força, deixou que lhe cortassem os cabelos.

Eis o relato do Velho Testamento:

Jz 16:19	Então ela o fez dormir sobre os seus joelhos, e chamou a um homem, e raspou-lhe as sete tranças do cabelo de sua cabeça; e começou a afligi-lo, e retirou-se dele a sua força.
Jz 16:20	E disse ela: Os filisteus vêm sobre ti, Sansão. E despertou ele do seu sono, e disse: Sairei ainda esta vez como dantes, e me sacudirei. Porque ele não sabia que já o SENHOR se tinha retirado dele.
Jz 16:21	Então os filisteus pegaram nele, e arrancaram-lhe os olhos, e fizeram-no descer a Gaza, e amarraram-no com duas cadeias de bronze, e girava ele um moinho no cárcere.
Jz 16:22	E o cabelo da sua cabeça começou a crescer, como quando foi raspado.
Jz 16:23	Então os príncipes dos filisteus se ajuntaram para oferecer um grande sacrifício ao seu deus Dagom, e para se alegrarem, e diziam: Nosso deus nos entregou nas mãos a Sansão, nosso inimigo.
Jz 16:24	Semelhantemente, vendo-o o povo, louvava ao seu deus; porque dizia: Nosso deus nos entregou nas mãos o nosso inimigo, e ao que destruía a nossa terra, e ao que multiplicava os nossos mortos.
Jz 16:25	E sucedeu que, alegrando-se-lhes o coração, disseram: Chamai a Sansão, para que brinque diante de nós. E chamaram

a Sansão do cárcere, que brincava diante deles, e fizeram-no estar em pé entre as colunas.

Jz 16:26 Então disse Sansão ao moço que o tinha pela mão: Guia-me para que apalpe as colunas em que se sustém a casa, para que me encoste a elas.

Jz 16:27 Ora, estava a casa cheia de homens e mulheres; e também ali estavam todos os príncipes dos filisteus; e sobre o telhado havia uns três mil homens e mulheres, que estavam vendo Sansão brincar.

Jz 16:28 Então Sansão clamou ao SENHOR, e disse: Senhor DEUS, peço-te que te lembres de mim, e fortalece-me agora só esta vez, ó Deus, para que de uma vez me vingue dos filisteus, pelos meus dois olhos.

Jz 16:29 Abraçou-se, pois, Sansão com as duas colunas do meio, em que se sustinha a casa, e arrimou-se sobre elas, com a sua mão direita numa, e com a sua esquerda na outra.

Jz 16:30 E disse Sansão: Morra eu com os filisteus. E inclinou-se com força, e a casa caiu sobre os príncipes e sobre todo o povo que nela havia; e foram mais os mortos que matou na sua morte do que o número de mortos que fizera durante sua vida.

A real existência de Sansão é tema de grande controvérsia para os estudiosos da história. Contudo, do relato de sua vida advém uma grande lição: *A vontade do homem pode ser altruísta, aproximando-o de Deus, ou extremamente egoísta, conduzindo-o para longe d'Ele. E como no caso de Sansão, quando a vontade se alia à vaidade e à luxúria, pode levar o homem à sua total ruína.*

Saul

O relato do suicídio de Saul, rei de Israel, se encontra registrado em I Samuel 31:2. Os filisteus lutavam contra Israel, mas, os homens de Israel fugiram do campo de batalha, acovardados, para, entretanto, caírem mortos no monte Gilboa. E o relato prossegue, narrando que os filisteus mataram a Jônatas, Abinadabe e a Malquisua, filhos de Saul. Então, o rei fugiu com seu pajem de armas e pediu para que este o matasse com a espada. O pajem recusou-se e Saul jogou-se contra a mesma, tendo o pajem feito o mesmo consigo próprio, acompanhando seu amo no mesmo tipo de morte.

O motivo do suicídio de Saul foi o medo da vergonha que teria que padecer, ao render-se ao inimigo. E já abordamos, anteriormente, que este tipo de atitude em nada facilita o Espírito em sua busca da redenção. A falta de confiança em Deus traz, quase sempre, desespero e confusão à mente humana, nos momentos mais cruciais e difíceis da vida. Nessas horas, a fé é extremamente necessária e está ao lado de quem confia extremamente em Deus.

Muito interessante também, é ressaltar o relatado em I Samuel 28.

Este trecho bíblico nos fala do episódio em que Saul consulta uma profetiza para obter de Samuel, profeta já falecido e muito reverenciado entre os israelitas, informação sobre o que sucederia na batalha que seria travada por ele *(Saul)* contra os filisteus. Procurava, portanto, o rei, obter de Samuel, através da profetiza, uma previsão sobre o desfecho da batalha. E o relato é o seguinte:

> "*(..............)* E ajuntaram-se os filisteus, e vieram, e acamparam-se em Suném; e ajuntou Saul a todo o Israel, e se acamparam em Gilboa. E, vendo Saul o arraial dos filisteus, temeu, e estremeceu muito o seu coração. E perguntou Saul ao SENHOR, porém o SENHOR não lhe respondeu, nem por sonhos, nem por Urim, nem por profetas.
>
> Então disse Saul aos seus criados: Buscai-me uma mulher que tenha o espírito de feiticeira, para que vá a ela, e consulte por ela. E os seus criados lhe disseram: Eis que em En-Dor há uma mulher que tem o espírito de adivinhar.
>
> E Saul se disfarçou, e vestiu outras roupas, e foi ele com dois homens, e de noite chegaram à mulher; e disse: Peço-te que me adivinhes pelo espírito de feiticeira, e me faças subir a quem eu te disser.

Então a mulher lhe disse: Eis aqui tu sabes o que Saul fez, como tem destruído da terra os adivinhos e os encantadores; por que, pois, me armas um laço à minha vida, para me fazeres morrer?
Então Saul lhe jurou pelo SENHOR, dizendo: Vive o SENHOR, que nenhum mal te sobrevirá por isso.
A mulher então lhe disse: A quem te farei subir? E disse ele: Faze-me subir a Samuel.
Vendo, pois, a mulher a Samuel, gritou com alta voz, e falou a Saul, dizendo: Por que me tens enganado? Pois tu mesmo és Saul.
E o rei lhe disse: Não temas; que é que vês? Então a mulher disse a Saul: Vejo deuses que sobem da terra.
E lhe disse: Como é a sua figura? E disse ela: Vem subindo um homem ancião, e está envolto numa capa. Entendendo Saul que era Samuel, inclinou-se com o rosto em terra, e se prostrou.
Samuel disse a Saul: Por que me inquietaste, fazendo-me subir? Então disse Saul: Mui angustiado estou, porque os filisteus guerreiam contra mim, e Deus se tem desviado de mim, e não me responde mais, nem pelo ministério dos profetas, nem por sonhos; por isso te chamei a ti, para

> que me faças saber o que hei de fazer.
> Então disse Samuel: Por que, pois, me perguntas a mim, visto que o SENHOR te tem desamparado, e se tem feito teu inimigo?
> Porque o SENHOR tem feito para contigo como pela minha boca te disse, e o SENHOR tem rasgado o reino da tua mão, e o tem dado ao teu próximo, a Davi.
> Como tu não deste ouvidos à voz do SENHOR, e não executaste o fervor da sua ira contra Amaleque, por isso o SENHOR te fez hoje isto.
> E o SENHOR entregará também a Israel contigo na mão dos filisteus, e amanhã tu e teus filhos estareis comigo; e o arraial de Israel o SENHOR entregará na mão dos filisteus.
> E imediatamente Saul caiu estendido por terra, e grandemente temeu por causa daquelas palavras de Samuel; e não houve força nele; porque não tinha comido pão todo aquele dia e toda aquela noite. (...............)"

Este episódio fantástico narrado no Velho Testamento, tem gerado muita polêmica entre estudiosos do tema, sendo motivo, inclusive, de acirrados debates entre autoridades religiosas e especialistas nos diversos ramos teológicos. Alguns acreditam que a ocorrência tenha sido uma verdadeira manifestação mediúnica, através da qual Saul obteve do espírito Samuel, manifestado através da pitonisa de Endor, o vaticínio sobre sua derrota na batalha contra os filisteus. Outros, porém, creem que não tenha sido o verdadeiro espírito Samuel, aquele que se manifestou à pitonisa, pois, narrado consta no texto bíblico que o espírito do ancião "*subiu*", ou seja, emergiu do solo para cima, o que segundo os defensores desta teoria não poderia ocorrer com Samuel, que por ser um espírito de alta envergadura não viria das entranhas da terra, mas, sim, desceria do alto em direção ao solo. Outros, ainda, defendem que a própria pitonisa teria enganado Saul, vez que não afirmara ela ao rei que o ancião que via "*subir da terra*" fosse, realmente, o profeta, mas, sim, fora o próprio Saul, que por dedução unipessoal, acreditou ser o espírito Samuel, ao ser informado pela médium que estava a ver subir da terra um ancião usando uma capa.

Contudo, independente do que quer que afirmem a respeito e deixando as altas indagações à parte, poucos se arvoram a afirmar que toda a cena tenha sido um embuste, ou, até mesmo, uma inverdade ou lenda. O que temos relatado, na realidade, é uma ocorrência mediúnica de natureza extraordinária!... Procuremos, pois, analisar o episódio sob o ponto de vista do rei Saul, ou seja, de um homem profundamente temeroso, acreditando ter sido abandonado por Deus, pois, o texto nos informa que Saul não conseguira obter qualquer revelação divina através de sonhos, sacerdotes *(Urim)* ou profetas da época e por este motivo, buscou a intercessão da médium.

Naquele tempo, as pitonisas, por muitos, também, denominadas sacerdotizas ou oráculos, eram muito procuradas pelas pessoas, precipuamente, por soberanos e guerreiros antes da batalha, buscando, justamente, antecipar o resultado do embate, ou mesmo, obter um aconselhamento, ou seja, como deveriam proceder para vencer a luta. O povo israelita desprezava as pitonisas, repudiando-as como "necromantes", ou seja, as que se comunicavam com os mortos. E foi, justamente, por este motivo, que Saul - rei de Israel, disfarçou-se para ver a médium, não desejando ser reconhecido pelo povo no decorrer desta diligência.

O rei pediu à pitonisa que invocasse Samuel e ela reconhecendo-o como o rei, temerosa, tratou primeiro de garantir a sua proteção pessoal, ao que Saul assentiu, dando sua palavra de que nada aconteceria com ela. Logo depois, a pitonisa invocou o espírito, que se comunicou através dela, vaticinando a derrota do soberano na batalha que se seguiria.

Assim, sem dúvida alguma, o que temos é um rei temeroso, a busca desesperada deste pelo contato espiritual com alguém já desencarnado e a quem muito reverenciava, e a manifestação de um espírito através de uma médium vidente, espírito este que, inclusive, não foi portador de boas notícias. Tenha sido ou não, o espírito Samuel a levantar da terra, certo é que a comunicação ocorreu e o fenômeno hoje é reconhecido como de natureza mediúnica, sendo possível por intermédio de pessoas dotadas de mediunidade ostensiva.

Não podemos deixar de observar, que o espírito não informou a Saul que ele iria se matar, mas, sim, informou-lhe que: ... "o Senhor entregará também a Israel contigo na mão dos filisteus, e amanhã tu e teus filhos estareis comigo" ... ou seja, antecipou a Saul que ele e sua nação sairiam derrotados na batalha e que tanto o rei, quanto seus filhos, iriam morrer, pois, logo se encontrariam com ele - espírito - na condição de desencarnados. E embora Saul, antecipadamente, fosse avisado pelo espírito que iria ser derrotado e morrer, na realidade, sequer deixou-se abater no campo de batalha, fugiu covardemente com seu servo para cometer suicídio, logo depois.

Consideremos, portanto, que todas as atitudes de Saul foram extremamente desesperadas e não sintonizadas com os ensinamentos divinos, culminando num ato de extrema covardia. E a causa de tudo foi o medo de enfrentar a dura realidade que se avizinhava, ou seja: a derrota, a perda da coroa, a morte dos filhos e o desprezo dos súditos que seriam entregues ao jugo do povo inimigo - os filisteus.

Lembremos a mensagem de Joanna da Ângelis anteriormente abordada: "*... Espera pelo amanhã, quando o teu dia se te apresente sombrio e apavorante. Se te parecem insuportáveis as dores, lembra-te de Jesus, ora, aguarda e confia.*"

Faltaram forças ao rei, faltou-lhe fé e oração. Não permitamos que nos vacilem as forças nas horas do desespero. Pensemos em Jesus e no dia de amanhã como de renovada esperança, ainda que o de hoje se nos apresente, irremediavelmente, atroz!

Aitofel

O episódio de Aitofel é bastante interessante e se encontra registrado em *II Samuel*, capítulo 17.

Aitofel era o conselheiro pessoal do rei David e natural de Gilo, nas colinas de Judá. Foi pai de um dos homens poderosos de David, Elião, e possivelmente avô de Bate-Seba. (II Sam. 11:3; 23:34)

Este conselheiro, antes íntimo de David, tornou-se traidor e juntou-se a Absalão, filho de David, num golpe contra o rei. Como um dos cabeças da rebelião, aconselhou Absalão a violar as concubinas de David, e pediu permissão para organizar um exército de 12 mil homens para procurar o rei, a fim de assassiná-lo (II Sam. 15:31; 16:15, 21; 17:1-4)

Segundo a bíblia, Deus frustrou esta empreitada, e Aitofel deu-se conta de que a revolta de Absalão iria fracassar. Portanto, suicidou-se e foi sepultado junto aos seus antepassados. (II Sam. 17:23)

Orgulho, traição e vergonha, portanto, levaram Aitofel a suicidar-se. Muitos erros consecutivos, graves atitudes a expiar.

Zimri

Zimri, ou Zinri, foi o quinto rei de Israel Setentrional e reinou apenas durante sete dias. Sua história é contada no *I Reis* no Capítulo 16.

Era um dos comandantes de cavalaria do Rei Elá. Assassinou o rei em Tirza, e sucedeu-lhe como rei. Contudo, esse reinado durou pouco, porque o exército escolheu Omri como seu rei, e com o apoio deste último sitiou Tirza, com o fito de matar a Zimri. Achando sua posição insustentável, Zimri colocou fogo na torre do palácio real e morreu queimado.

Judas Iscariotes

Talvez, o mais conhecido suicida narrado na Bíblia, Judas Iscariotes foi um dos 12 apóstolos de Jesus Cristo e, de acordo com os Evangelhos, veio a ser o traidor que entregou o Mestre aos seus capturadores por 30 moedas de prata. (Jo 6:71; 13:26).

Embora os Evangelistas afirmassem que *Jesus sabia, desde o princípio, quem eram os que não criam, e quem era o que o havia de entregar* (João 6:64) e tivesse sido, de algum modo, predito, como no *Salmo 55*, o que viria a suceder com Jesus, ou seja, que o traidor seria um seu *"amigo íntimo"*. – *Pois não era um inimigo que se afrontava: então eu o teria suportado. (...). Mas eras tu, homem meu igual, meu guia e meu íntimo amigo.* (Salmo 55, 12-13) - não se pode fazer uma confirmação de que estivesse Judas, realmente, predestinado a ser o traidor do Cristo.

E até a motivação da sua traição é justificada, nos Evangelhos, de diferentes formas. Pelos Evangelhos mais antigos, como os de Mateus e de Marcos, a traição deveu-se à sua avareza (Mateus 26:14-16; Marcos 14:10--11). Já nos Evangelhos de Lucas e de João o seu procedimento é subordinado à influência direta de Satanás *(Lucas 22:3 e João 13:27).*

Mateus 27:5 relata que Judas Iscariotes ao sentir remorsos decide suicidar-se por enforcamento: *E Judas, atirando para o templo as moedas de prata, retirou-se e foi-se enforcar.* E no livro dos *Atos*, 1:18, o seu autor conta que caiu ele de cabeça para baixo, rebentando seu corpo ruidosamente nos rochedos pelo meio. *Adquiriu um campo com o salário de seu crime. Depois, tombando para frente, arrebentou ao meio e todas as vísceras se derramaram.* Procurando harmonizar os dois relatos da sua morte, poder-se-ia dizer que Judas ter-se-ia enforcado, mas que a corda ou o ramo da árvore, onde a primeira havia sido atada, não tivesse suportado e, por isso, rompera-se.

Há, também, o *Evangelho de Judas*, apócrifo, atribuído a autores gnósticos nos meados do século III e composto de 26 páginas de papiro, escrito em copta dialectal, que revela as relações de Judas com Jesus Cristo sob uma outra perspectiva: Judas não teria traído Jesus, e sim, atendido a um pedido deste ao denunciá-lo aos romanos.

Desaparecido por quase 1.700 anos, a única cópia conhecida do documento foi publicada em 6 de abril de 2006 pela revista *National Geographic*. O manuscrito, autenticado como datado do século III ou IV (220 a 340 d.C.), é uma cópia de outra versão mais antiga redigida em grego. Contrariamente à versão dos quatro Evangelhos oficiais, este texto informa que Judas seria o discípulo mais fiel a Jesus, e aquele que mais compreendia os seus ensinamentos. O seu conteúdo consiste, basicamente, em ensinamentos de Jesus para Judas, apresentando informações sobre uma estrutura hierárquica de seres angelicais e uma versão nova sobre a criação do Universo.

Contudo, ninguém se opõe ao fato de que Judas suicidou-se por enforcamento. E seja qual tenha sido a sua intenção, quando identificou Jesus aos guardas em meio aos outros apóstolos, dando-lhe um beijo na face, certo é que, posteriormente, sua consciência não resistiu, conduzindo-o ao extremo desespero. O remorso atingiu-o fortemente e o suicídio decorreu deste grave e perigoso conflito de sentimentos.

Amigos leitores, estas narrativas sobre suicídios registradas nas escrituras servem para nos mostrar o quanto a ação suicida vem afetando os homens ao longo do tempo e pelas mais complexas razões.

Um antídoto poderoso para as ideias suicidas está no trabalho e no respeito às Leis Divinas. Por piores que sejam as vicissitudes na Terra, nada se compara às agruras vividas pelo suicida ao transportar os portais da Vida Maior. Além do desapontamento, agravam-se-lhe as faltas por haver atentado contra a vida. Se para o materialista, a morte pode ser uma "solução" para o homem que vê a falência dos negócios e os credores baterem à porta, ou ainda para o doente que vê o diagnóstico da morte certa, para aquele que crê, haverá sempre um rasgo de esperança e uma razão pela qual lutar. E se tiver amor a Deus, saberá dobrar o próprio orgulho ante as vaidades terrenas e, humilde, preferirá orar em vez de pensar em cometer suicídio.

> Em tudo somos atribulados, mas não angustiados; perplexos, mas não desesperados; perseguidos, mas não desam-

parados; abatidos, mas não destruídos. (II Coríntios 4:8-9)
Vinde a mim, todos os que estais cansados e oprimidos, e eu vos aliviarei. Tomai sobre vós o meu jugo, e aprendei de mim, que sou manso e humilde de coração; e achareis descanso para as vossas almas. Porque o meu jugo é suave, e o meu fardo é leve. (Mateus 11:28-30)

Capítulo V

Eutanásia

OUTRO TEMA polêmico e muito discutido, tanto por religiosos, médicos, legisladores e juristas mundo afora, é a eutanásia. O termo vem de duas palavras gregas *eu (eu)*, "bem", e *qavnato (thanatos)*, "morte". Na realidade constitui morte sem dor e sem trauma. Contemporaneamente, muitos se referem à prática como "matar por misericórdia".

Dois tipos são praticados: a eutanásia voluntária e a eutanásia forçada. A voluntária ocorre com o pleno consentimento ou a pedido da própria pessoa que deseja morrer; e a forçada, ocorre quando é praticada sem o consentimento da pessoa.

Há, também, a eutanásia ativa e passiva. Ativa quando se utiliza de meios intencionais para dar cabo da vida de outrem, sem que este sofra dor. Passiva quando deliberadamente não se faz uso dos recursos disponíveis para prolongar a vida de alguém, ou seja, priva-se o doente dos medicamentos ou aparelhos que se ministrados ou em funcionamento, manteriam vivo o paciente.

Vemos, portanto, que a eutanásia pode ocorrer em duas modalidades: quando se suprime diretamente a vida de alguém, ou quando se utilizam meios para abreviar a sua morte. Contudo, de qualquer maneira, utilizando instrumentos para levar alguém à morte, ou, suprimindo-lhe os meios de prolongar-lhe a vida, o ato é o de homicídio à luz dos ensinamentos evangélicos.

Contudo, a eutanásia passiva é a que muito se discute hoje em dia, dependendo do contexto e quadro clínico do paciente denominado terminal. Em alguns países, inclusive, recorre-se ao Judiciário a fim de se obter autorização para sua prática. As hipóteses do desligamento de aparelhos hospitalares que mantêm o paciente vivo, mas, em condição denominada vegetativa, são as mais comuns.

Não podemos esquecer, também, que muitos consideram prática da eutanásia, o ato de provocar a morte sem dor em pessoas portadoras de problemas mentais, graves deformações, a exemplo dos casos de anencefalia, muito debatidos atualmente.

Lembremos, porém, que pessoas diagnosticadas com morte clínica voltaram à vida e relataram experiências que vivenciaram no estado comatoso, as chamadas Experiências de Quase Morte ou *Near Dead Experiences* (EQM). Estas circunstâncias demonstram que a Ciência desconhece totalmente o que acontece com o espírito no estado "quase morte". Perguntamos, então: seria justo abreviar o sofrimento de alguém que está testemunhando a luta de seu corpo para não morrer?

A eutanásia é altamente discutida nos meios jurídicos, sociais, religiosos e científicos. Alguns a defendem como ato de misericórdia, e outros, recriminam sua prática definindo-a como pecaminosa e contrária à Lei de Deus. Certo é, porém, que em sua forma voluntária, a eutanásia constitui espécie de "suicídio às avessas", e, como tal, em nada pode auxiliar na evolução do Espírito, tanto da pessoa que pede para morrer quanto daquela que atende ao pedido.

Reencarnação demonstrada

Há várias circunstâncias que nos conduzem à evidência sobre os processos reencarnatórios. O *dèjà vu*, isto é, a sensação de que aquilo que se está vivenciando no presente é algo que já aconteceu antes, não é novidade para muitos. Os casos de crianças que relembram episódios, lugares e pessoas relacionados com suas vidas passadas também não e a literatura oferece ainda outras evidências como as relatadas no livro 20 *casos sugestivos de reencarnação*, do famoso pesquisador Ian Stevenson (1918- 2007) e dos casos narrados por Brian Weiss e Raymond Moody Jr. Outra obra importante é a do indiano Hammedra Banerjee, radicado nos Estados Unidos, que catalogou mais de 3 mil casos de pessoas (sobretudo crianças) que se recordavam de existências passadas.

Os experimentos da Dra. Edith Fiore, psicóloga suíça, naturalizada norte-americana, que estudou centenas de relatos de pacientes em leito de UTIs, que diziam visualizar familiares já desencarnados, descrevendo seus trajes e nomes. E, mais ainda, as Experiências de Quase Morte, em que pacientes tiveram morte por alguns segundos ou mesmo minutos, voltando à vida através de ressuscitações cardiorrespiratórias, as quais relataram posteriormente o que viram "do outro lado".

Finalmente, a Terapia por Regressão a Vidas Passadas (TVP), tendo como expoente no Brasil a Dra. Julia Prieto Perez, havendo inclusive, no Estado de São Paulo, duas associações voltadas a pesquisas nesta área, reunindo inúmeros grupos de psicólogos, terapeutas e médicos com esta finalidade. A grande indagação sempre foi se tal assunto deveria ser objeto exclusivo da Ciência ou, se deveria ser debatido também, à luz da religião. Mas, fato é que a TVP constitui tema que veio para ficar.

Muitos espíritas entendem que a prática da TVP deve ser conduzida por profissionais da Psicologia e, preferencialmente, por aqueles que se aprofundam no estudo da doutrina espírita. O véu temporário sobre o passado que a reencarnação estende sobre o Espírito que retorna à carne é providencial remédio para que este tenha êxito na nova jornada. Fazer emergir tais lembranças pode, muitas vezes, não contribuir no processo terapêutico do paciente e até mesmo produzir efeito contrário, deixando-o ainda mais confuso. A TVP, para os doutrinadores espíritas, deve ser usada com parcimônia e cuidado, como alternativa às demais linhas terapêuticas, e quando estas não tiverem produzido resultados satisfatórios.

A recomendação procede. Se numa regressão (mal conduzida) o paciente identifica que alguns dos protagonistas das lembranças que lhe são dolorosas estão presentes na família atual, talvez ele não seja capaz de aceitar esta situação. Não seria mais conveniente que tal informação permanecesse no esquecimento? Não está aí a bênção da reencarnação, ao permitir que se apaguem velhos ressentimentos e floresça entre aqueles que se feriram uma nova relação, amorosa e fraterna?

Parada cardíaca e ressuscitação

Nós próprios tivemos uma experiência com um amigo, Almir Bastos Junior, professor da Universidade Federal da Bahia e procurador do Estado. Ele voltava da Faculdade, à noite, quando parou para trocar um pneu furado. Ao apertar o último parafuso, sentiu um aperto no peito, que identificou como infarto do miocárdio. Entrou no carro e acelerou rumo ao hospital mais próximo na Avenida Garibaldi. Buscava o Hospital Jorge Valente, mas, por um desses equívocos providenciais, ingressou no hospital vizinho, para doenças cardiopulmonares. Subiu a rampa e bateu à porta, abrindo-se uma janelinha. E ele, com voz firme, "ordenou" que a servidora abrisse a porta, porque ele estava tendo um infarto.

A gentil atendente abriu a porta, e ele, novamente determinado, deitou-se em uma maca, dizendo:

— Chame um médico, pois estou tendo um infarto!

Chegando o médico, apressadamente começou a abrir sua camisa social, ouvindo, mais uma vez, outra determinação, em tom que não era muito do feitio do paciente, pessoa muito cordata e até um pouco tímida:

— Se o senhor não puser um sublingual não vai terminar o exame.

O cardiologista logo atendeu, pegou o telefone e avisou à família. O médico ajustava os sensores no paciente, para um necessário eletrocardiograma, quando a família, que morava nas proximidades, chegava ao Hospital. Os familiares postaram-se no corredor, junto à porta, e ficaram observando o trabalho médico através de uma janelinha envidraçada.

Enquanto o médico atendia a outros pacientes na grande enfermaria, de repente soaram os avisos luminosos e sonoros, indicando, pelo monitoramento, que Almir Bastos tivera uma parada cardíaca. Imediatamente o médico acorreu, e mesmo sem colocar um gel no peito do paciente, para protegê-lo de eventual queimadura, aplicou-lhe, com o desfibrilador, um poderoso choque elétrico, mas que não foi suficiente para fazê-lo retornar à vida. O cardiologista então aumentou a corrente e aplicou outro eletrochoque, com os dois aparelhos sobre o peito do paciente, que manifestou reação, voltando o coração a bater suavemente, após ter parado por alguns minutos.

Mais tarde, refeito, narrou que a última coisa de que se lembrava era a visão da esposa do outro lado da porta, olhando pela vidraça, quando ele acenara, levemente, e, ato contínuo, não viu mais nada, enxergando-se fora do corpo físico, pairando acima da maca, onde médicos e enfermeiros corriam a socorrê-lo. Disse que sentiu afastar-se em um túnel, experimentando uma paz jamais vista, e, ao fim do túnel, viu uma claridade enorme, uma luz branca que o atraía cada vez mais. Contudo, interrompida essa viagem, retornara subitamente ao corpo físico. Provavelmente as preces, mais o apego familiar, aliados ao trabalho pronto do cardiologista, interromperam uma desencarnação iminente. Não era seu dia.

A narrativa de Almir Bastos Junior casa-se igualmente com a de milhares de depoimentos de pacientes de UTIs relatados pela doutora Edith Fiore. Um túnel, uma grande paz, uma claridade enorme. O desejo de não voltar.

Código de ética médica e a autonomia dos pacientes terminais.

O novo Código de Ética das Atividades Médicas, dentre outras coisas, trouxe importantes modificações no que tange à relação médico-paciente, qualificando, assim, melhoradamente, a condição da pessoa no que refere ao seu direito de morrer com dignidade e ao lado da família

Havia grande polêmica quanto a divulgar ou não, para o paciente desenganado, o diagnóstico verdadeiro. A outra intrigante questão era manter ou não o paciente sob terapia intensiva, mesmo quando em vida vegetativa ou em estado terminal.

O novo Código de Ética do Brasil trouxe respostas a esses questionamentos. Segundo seu artigo 24, é garantido ao paciente decidir livremente sobre sua pessoa e seu bem-estar, vedado ao médico exercer sua autoridade para limitá-lo. E pelo artigo 31, do mesmo diploma legal, é vedado ao médico desrespeitar o direito do paciente ou de seu representante legal em decidir livremente sobre a execução de práticas diagnósticas ou terapêuticas, salvo no caso de iminente risco para sua vida.

Já o artigo 34 proíbe ao médico deixar de informar ao paciente o diagnóstico, o prognóstico, os riscos e os objetivos do tratamento, salvo quando comunicação direta possa lhe provocar dano, devendo, nesse caso, comunicar seu representante legal.

Finalmente, o artigo 41, em seu parágrafo único, estatui que nos casos de doença incurável e terminal deve o médico oferecer todos os cuidados paliativos disponíveis, sem empreender ações e diagnósticos ou terapêuticas inúteis, de maneira obstinada. Deverá levar sempre em consideração a vontade expressa do paciente ou, na sua impossibilidade, a de seu representante legal.

Visão espírita

Os defensores da eutanásia justificam a prática como solução para abreviar os sofrimentos dos que padecem nos leitos de agonia e sofrimentos físicos. No entanto, será permitido, mesmo que sob à capa dos mais nobres sentimentos, interromper o curso de uma vida?

Vejamos o que diz O Livro dos Espíritos:

Pergunta 953 - Quando uma pessoa vê diante de si um fim inevitável e horrível, será ela culpada se abreviar de alguns instantes os seus sofrimentos, apressando volunta-

> riamente sua morte?
> Sempre se é culpado de não esperar o termo fixado por Deus. Aliás, haverá certeza de que ele tenha chegado, malgrado as aparências, e não se pode receber um socorro inesperado no derradeiro momento?

E já mencionamos esta questão em item anterior. Os Espíritos reconhecem a abreviação da vida nestas circunstâncias como falta de resignação e de submissão à vontade do Criador. Relatos há de pessoas em coma por longos anos que acordaram, recuperando-se para uma nova chance de vida saudável. Somente Deus pode saber o momento exato da morte. Somos todos incapazes de prevê-la com exatidão, mesmo na condição de médicos ou cientistas. Na realidade, não podemos prever quando alguém desencarnará. Podemos, tão somente, diante de um quadro clínico grave, oferecer um mau prognóstico, ou, supor, que a morte seja inevitável naquelas circunstâncias. Contudo, mesmo a opinião médica não passa de mero prognóstico, nada mais que isto.

No livro *O consolador,* ditado pelo Espírito Emmanuel ao médium Francisco Cândido Xavier, encontramos outra resposta, especificamente na **pergunta 106**:

> **A eutanásia é um bem, nos casos de moléstia incurável?**
> Resposta - O homem não tem o direito de praticar eutanásia, em caso algum,

> ainda que a mesma seja a demonstração aparente de medida benfazeja. A agonia prolongada pode ter finalidade preciosa para a alma, e a moléstia incurável pode ser um bem, como a única válvula de escoamento das imperfeições do Espírito em marcha para a sublime aquisição de seus patrimônios da vida imortal.

E em *O Evangelho segundo o Espiritismo*, Capítulo V (Bem-aventurados os aflitos), itens 27 e 28:

> 27 - **Deve-se pôr termo às provas do próximo, quando se pode, ou devemos, por respeito aos desígnios de Deus, deixá-las seguir o seu curso?**
>
> Já vos dissemos e repetimos, muitas vezes, que estão na Terra de expiação para completarem as vossas provas, e que tudo o que vos acontece é consequência de vossas existências anteriores, as parcelas da dívida que tendes a pagar. Mas este pensamento provoca em certas pessoas reflexões que devem ser afastadas, porque podem ter funestas consequências.
>
> Pensam alguns que, uma vez que se está na Terra para expiar, é necessário que as provas sigam o seu curso. Há outros que chegam a pensar que não somente

devemos evitar atenuá-las, mas também devemos contribuir para torná-las mais proveitosas, agravando-as. É um grande erro. Sim, vossas provas devem seguir o curso que Deus lhes traçou, mas acaso conheceis esse curso? Sabeis até que ponto elas devem ir, e se vosso Pai Misericordioso não disse ao sofrimento deste ou daquele vosso irmão: "Não irás além disto"? Sabeis se a Providência não vos escolheu, não como instrumento de suplício, para agravar o sofrimento do culpado, mas como bálsamo consolador, que deve cicatrizar as chagas abertas pela sua justiça?

Não digais, portanto, ao verdes um irmão ferido: "É a justiça de Deus, e é necessário que siga o seu curso", mas dizei, ao contrário: "Vejamos que meios nosso Pai Misericordioso me concedeu para aliviar o sofrimento de meu irmão. Vejamos se o meu conforto moral, meu amparo material, meus conselhos poderão ajudá-lo a transpor esta prova com mais força, paciência e resignação. Vejamos mesmo se Deus não me pôs nas mãos os meios de fazer cessar este sofrimento; se não me deu, como prova também, ou talvez como expiação, o poder de cortar o mal e substituí-lo pela bênção da paz".

Auxiliai-vos sempre, pois, em vossas provas mútuas, e jamais vos encareis como instrumentos de tortura. Esse pensamento deve revoltar todo homem de bom coração, sobretudo os espíritas. Porque o espírita, mais que qualquer outro, deve compreender a extensão infinita da bondade de Deus. O espírita deve pensar que sua vida inteira tem de ser um ato de amor e de abnegação, e que por mais que faça para contrariar as decisões do Senhor, sua justiça seguirá o seu curso. Ele pode, pois, sem medo, fazer todos os esforços para aliviar o amargor da expiação, porque somente Deus pode cortá-la ou prolongá-la, segundo o que julgar a respeito.

Não seria excessivo orgulho, da parte do homem, julgar-se com o direito de revolver, por assim dizer, a arma na ferida? De aumentar a dose de veneno para aquele que sofre, sob o pretexto de que essa é a sua expiação? Oh! Considerai-vos sempre como o instrumento escolhido para fazê-la cessar. Resumamos assim: estais na Terra, todos vós, para expiar; mas todos vós, sem exceção, deveis fazer todos os esforços para aliviar a expiação de vossos irmãos, segundo a lei de amor e caridade. (Bernardin, Espírito protetor, Bordéus, 1863.)

28 - **Um homem agoniza, presa de cruéis sofrimentos. Sabe-se que o seu estado é sem esperança. É permitido poupar-lhe alguns instantes de agonia, abreviando-lhe o fim?**

Mas quem vos daria o direito de prejulgar os desígnios de Deus? Não pode Ele conduzir um homem até a beira da sepultura, para em seguida retirá-lo, com o fim de fazê-lo examinar-se a si mesmo e modificar-lhe os pensamentos? A que extremos tenha chegado um moribundo, ninguém pode dizer com certeza que soou sua hora final. A Ciência, por acaso, nunca se enganou nas suas previsões?

Bem sei que há casos que se podem considerar, com razão, como desesperadores. Mas se não há nenhuma esperança possível de um retorno definitivo à vida e à saúde, não há também numerosos exemplos de que, no momento do último suspiro, o doente se reanima e recobra suas faculdades por alguns instantes? Pois bem: essa hora de graça que lhe é concedida pode ser para ele da maior importância, pois ignorais as reflexões que esse Espírito poderia ter feito nas convulsões da agonia, e quantos tormentos podem ser poupados por um súbito clarão de arrependimento.

O materialista, que só vê o corpo, não levando em conta a existência da alma, não pode compreender essas coisas. Mas o espírita, que sabe o que se passa além-túmulo, conhece o valor do último pensamento. Aliviai os últimos sofrimentos o mais que puderdes, mas guardai-vos de abreviar a vida, mesmo que seja apenas um minuto, porque esse minuto pode poupar muitas lágrimas no futuro. (São Luís - Paris - 1860).

Capítulo VI

Pena de morte

A REENCARNAÇÃO é uma bênção, um instrumento da Justiça Divina que permite, à criatura, reencontrar-se diante da própria consciência.

Assim, por livre escolha, ou por superior determinação da engenharia genética divina, a reencarnação permite se cumpra a inexorável lei de causa e efeito, na qual o homem encontra a oportunidade de reconciliar desafetos e reabilitar-se diante daqueles a quem tenha prejudicado.

Em *O Livro dos Espíritos*, questão 760, Allan Kardec indaga se a pena de morte desaparecerá um dia das legislações humanas. E os instrutores espirituais respondem: "A pena de morte desaparecerá, incontestavelmente, e sua supressão marcará um progresso na humanidade. Quando os homens estiverem mais esclarecidos, a pena de morte será completamente abolida sobre a Terra (...)".

A incansável mentora Joanna de Ângelis, que acompanha o dedicado médium Divaldo Franco no meritório trabalho em favor do próximo, que nos doou imensa contribuição literária, à causa do amor, esclarece: "Esparge e semeia o amor, sim, criando condições joviais e felizes para todos, oferecendo o teu precioso contributo - mesmo que seja a coisa mais insignificante - a fim de modificar o estado atual do mundo, e o crime baterá em retirada, constituindo, no futuro, triste sombra do passado, conforme nos promete Jesus".

A pena de morte não é solução

No ano de 2009 foram executadas, com a pena de morte, 702 pessoas, existindo, no ano de 2010, 17 mil presos aguardando a pena capital, em todo o mundo.

A vingança privada foi substituída pela interveniência estatal, com o avanço da civilização, assumindo a pena um caráter reparador, educativo e intimidador.

O caráter reeducativo das penas, entretanto, conquanto reabilitador, na maioria dos casos, não vem alcançando os objetivos idealizados pelos legisladores, em virtude da superlotação dos presídios, constituídos em verdadeiras câmaras de tortura, escolas de aprendizado criminal, locais de sevícias dos encarcerados, faltando oportunidade de aprendizado, socialização do preso, para sua devolução à sociedade.

Todavia, eliminando-se a vida pela sentença mortal, independentemente das conhecidas possibilidades de erro judiciário, encontradas na literatura especializada, inviabilizam-se, definitivamente, as chances com que o

Criador nos cumulou de oportunizar a redenção do culpado, pelo arrependimento ou pelo trabalho.

E, o pior, nas doutrinas reencarnacionistas, adotadas na maior parte do Oriente e em muitos países ocidentais, da sobrevivência do Espírito ao decesso carnal, se estaria suprimindo valioso contributo à reeducação da espécie humana, logrando o retorno ao mundo material para expungir suas culpas, retardando a mudança da psicosfera do planeta.

A pena de morte não é solução. Muitas pessoas acreditam que a pena de morte promova uma garantia contra o aumento da criminalidade, ou seja, que a sua previsão na legislação possa diminuir os índices de homicídio doloso. Entretanto, a experiência nos dita que a mera vigência da lei não é suficiente para deter o avanço da criminalidade em qualquer nação, ou seja, ela não é autossuficiente, não traz efeitos positivos sem a educação profunda do povo e oferecimento de condições para uma vida digna. Quando a educação de um país prioriza o ensino da moralidade e busca diminuir ou extirpar a miserabilidade de seu povo, os índices de criminalidade caem drasticamente, porque a adoção destas simples medidas tem o poder de fulminar duas das principais causas das infrações criminais contra a vida.

Anistia Internacional

Irene Khan, secretária-geral da Anistia Internacional, declarou, recentemente, que "a pena de morte é o castigo derradeiramente cruel, desumano e degradante. Decapitações, eletrocussões, enforcamentos, injeções letais, fuzilamentos e apedrejamentos não têm mais lugar no século 21".

Em seu relatório Condenações à Morte e Execuções em 2008, esclarece que os condenados eram submetidos a condições de detenção rígidas e a sofrimento psicológico. Segundo esse relatório, somente em 2008 pelo menos 2.390 pessoas foram executadas, em 25 países, e 8.864 foram condenadas à morte, em 52 nações, lideradas pela China, que, sozinha, realiza mais da metade das execuções.

A Anistia Internacional considera como positivo o fato de que é pequeno o número de países que praticam a pena de morte, que tende a ser abolida definitivamente dos códigos das nações civilizadas.

Sem dúvida que os procedimentos processuais são, em muitos desses casos, inquisitoriais e injustos, levando, algumas vezes, a clamorosos e imperdoáveis erros judiciários, quase sempre levados ao esquecimento e à impunidade.

Até mesmo em países cognominados guardiões das liberdades democráticas, como os Estados Unidos da América do Norte, permitem-se prisões ignominiosas, como a de Guantánamo, em Cuba, a título de punir crimes de guerra ou cercear ações ditas terroristas, esquecidas do "terrorismo" da fome e da miséria humana, dadas as práticas comerciais dos que detêm a tecnologia do conhecimento e a exploração das reservas naturais em nações subdesenvolvidas.

De qualquer sorte, reprováveis os cometimentos e incentivos à violência, de toda ordem, lembrando, com Mahatma Gandhi, o Apóstolo da Paz, que o amor de um pode pacificar o ódio de milhões.

Lombroso e sua (abandonada) teoria do criminoso nato.

César Lombroso, médico e cientista, fundador da Antropologia Criminal, ao lado de Garófalo e de Ferri, da Escola Penal Positiva italiana, cético quanto às teses reencarnacionistas e sobrevivência do Espírito ao decesso carnal, após estudar as conformações cranianas de dezenas de malfeitores, idealizou a teoria do chamado "criminoso nato", isto é, estariam propensos ao crime todos aqueles que apresentassem aspectos morfológicos caracterizados por: testa fugidia, queixo prognata, maçãs do rosto salientes, lóbulos dos pavilhões auditivos interligados. Seriam pessoas tendentes ao cometimento de crimes. Uma forma de determinismo criminal, inconcebível em face da ideia evolucionista da espécie.

Instado a tomar conhecimento de experimentos com Espíritos, ridicularizava as sessões, combatendo-as com veemência, até que, em 1888, desafiado pelo Conde Chiaia a comparecer a um encontro com experimentadores espíritas, alegou que "seu tempo, como cultor das ciências positivas, não lhe permitia assistir a manobras de prestidigitação". Mas, estando em Nápoles, Itália, em março de 1891, concordou em assistir a um trabalho com a médium de efeitos físicos Eusápia Paladino, desde que sob as suas rigorosas condições e controle científico. E, dali, entusiasmado com o que vira, compareceu depois a uma centena de outras reuniões espíritas semelhantes, confessando-se envergonhado da sua intolerância e postura inicial.

Em magnífico artigo, intitulado "Razão e Religião", publicado em *O Estado de S. Paulo*, em 3 de janeiro de 2009, o famoso jurista Miguel Reale Júnior refere que Lombroso "atestava que os fatos existiam e se orgulhava de deles ser escravo".

A conversão do autor da Teoria Lombrosiana de Criminoso Nato ao Espiritismo deu-se quando sua mãe desencarnada, e que era alguns centímetros mais baixa que a médium Eusápia, materializou-se diante dele e o saudou como "*fiol mio*", à moda veneziana, de sua terra natal.

A teoria determinista de Lombroso evoluiu para a ambientalista de Ferri, a influência dos fatores ambientais, e, depois, à crença na alma imortal. Dessa forma, não há como admitir-se a pena de morte, a título do chamado criminoso nato.

Divaldo Franco relata que uma das crianças órfãs, admitida em uma de suas casas-lares, da Mansão do Caminho, em Pau da Lima, bairro periférico de Salvador, apresentava tendência homicida, dizendo que seu desejo era enfiar uma faca no abdômen da "tia", termo pelo qual eram chamadas as senhoras que viviam e tomavam conta de pequenos grupos, nas casas que compunham aquele reduto da caridade. Chegava a dizer que seu gosto era ver o sangue escorrer quente por entre seus dedos, o que assustava as "mães" emprestadas. Depois de passar por várias outras casas e "mães", sempre com o mesmo problema, conseguiu, após muito amor e conversa direta de Divaldo, reformar sua ideia, principalmente devido a que Divaldo lhe segredara que se ele quisesse matar a alguém que o fizesse a ele, Divaldo, no que o menino recuara, afirmando que nunca poderia fazer isso porque muito o estimava. O garoto cresceu, ganhou liberdade, arranjou trabalho, constituiu família e ainda deu a Divaldo dois lindos "netinhos". Só precisava de amor.

Não existe ser incorrigível. Alguém, algum dia, irá sensibilizá-lo a ponto de modificar sua agressividade ou violência, com muito amor e perdão das ofensas. A pena de morte suprime a vida material, mas não modifica para melhor o Espírito imortal a caminho da redenção.

PARTE II

Capítulo VII

Mudando a estratégia

NO CAPÍTULO I prometemos abordar, como tema deste livro, o quinto mandamento – *Não matarás*. Contudo, prometemos, também, demonstrar como este mandamento está interligado com outra importante lição que nos foi ensinada por Cristo cerca de 1.300 anos após a passagem de Moisés pela Terra: *Amar a Deus e ao próximo como a si mesmo.*

Allan Kardec em *O Evangelho segundo o Espiritismo*, capítulo 15, sob o título Fora da Caridade não há Salvação, transcreve Mateus 22:34-40:

> Mas os fariseus, quando viram que Jesus tinha feito calar a boca aos saduceus, se ajuntaram em conselho. E um deles, que era doutor da lei, tentando-o, perguntou-lhe: Mestre, qual é o grande mandamento da lei?
> Jesus lhe disse: Que lês tu?

> — Amarás o Senhor teu Deus de todo o coração, e de toda a tua alma, e de todo o teu entendimento. Este é o maior e o primeiro mandamento - respondeu o fariseu.
>
> E Jesus:
>
> — E o segundo, semelhante a este, é: Amarás ao teu próximo como a ti mesmo. Estes dois mandamentos contêm toda a lei e os profetas.

Portanto, amigo leitor, se você consegue amar a Deus acima de tudo e ao menos não deseja mal ao teu próximo, já está avançando a caminho da salvação. Isto porque é necessário compreender o real significado e a extensão do ensinamento - *amar ao próximo como a si mesmo* - e é bastante simples. Basta que não desejemos a outrem aquilo que não desejamos para nós próprios, porque ninguém deseja o mal para si, ou para aqueles a quem ama.

O desejo do bem deve inundar o coração daqueles que têm consciência de sua evolução no Cosmo, a verdadeira morada do *ser - Espírito*, pois, estamos neste plano material provisoriamente. O amor a Deus e ao próximo nos distancia da criminalidade, do sofrimento, da depressão, e nos aproxima da essência do verdadeiro Pai! Se nós amamos a vida e desejamos viver, não podemos desejar a morte de outrem, que tem o mesmo direito à vida. Cabe a Deus, o Criador, a definitiva e derradeira decisão sobre nascer e morrer.

Se ainda não pensamos desta forma, procuremos pensar. E se a nossa própria vida nossa oferece alguns tropeços, mudemos a nossa estratégia de viver. Há um conto muito interessante sobre mudar de estratégia:

> Havia um cego sentado na calçada, em Paris, com um boné a seus pés e um pedaço de madeira, onde se lia escrito com giz branco: **Por favor, ajude-me, sou cego.**
>
> Um publicitário, ao passar em frente ao cego, parou e notou que havia umas poucas moedas no boné. Sem pedir licença, pegou o pedaço de madeira, virou-o, e escreveu outro anúncio. Voltou a colocar o pedaço de madeira aos pés do cego e foi embora.
>
> Pela tarde, o publicitário voltou a passar em frente ao cego, que continuava pedindo esmola. Dessa vez seu boné estava cheio de moedas.
>
> O cego reconheceu os passos e perguntou-lhe se havia sido ele quem escrevera na placa e o que havia escrito nela. O publicitário respondeu:
>
> — Nada que não esteja de acordo com seu anúncio, mas, com outras palavras.
>
> O cego nunca soube, mas seu novo cartaz dizia: **Hoje é primavera em Paris, e eu não posso vê-la.**

Mudar a estratégia quando nada nos acontece de positivo, ou, quando tudo está dando errado em nossa vida, pode trazer novas perspectivas, alterando o rumo dos acontecimentos. E a estratégia mais eficaz a ser utilizada no decorrer de nossas vidas é valorizar, cada vez mais, o ato de viver!... Se há dores a suportar pela estrada, a fé em Deus e a prática da caridade nos fortalecem e nos afastam do desejo de desistir. Só podemos driblar as nossas dores, adquirindo forças para amenizar as dores alheias. A valorização da vida é sentimento que emerge do amor, e o amor não abre espaço para o desprezo à vida; ao contrário, traz luz à escuridão, clareia as ideias, afasta os pensamentos vis e transforma o ser humano num vencedor.

Portanto:

> — Se você odeia alguém, mude de estratégia. Olhe para o lado oposto e auxilie outra pessoa. Quando se ajuda alguém, as amarguras pessoais se esvaem.
>
> — Se você experimenta um grande sofrimento e está a ponto de desistir, utilize de nova estratégia, trabalhando para que outros desesperados não desistam da vida. Enquanto você labuta para preservar a vida dos outros, você próprio preserva a sua e ganha forças para prosseguir.

Para cada desejo de morte há uma estratégia em sentido oposto para preservar a vida. E os criminosos, em sua esmagadora maioria, são seres que não aprenderam, ou, não foram capazes de mudar de estratégia em algum momento de suas vidas, esquecendo de semear o amor e compreender o ensinamento do Mestre Nazareno.

Cumprir o "Amar a Deus sobre todas as coisas e ao próximo como a si mesmo" engloba o Não Matarás, de Moisés, quinto mandamento, como todos os demais inscritos na tábua da lei. Aquele que ama não incorrerá, jamais, numa ação homicida ou mesmo um ato que prejudique o semelhante. "Não matarás" está em conformidade com a Lei de Amor ensinada pelo Cristo e desdobrada nas mensagens do Espírito Verdade na codificação Kardequiana. E todo aquele que descumpre tal mandamento estará incurso na lei de causa e efeito, e, se não resgatar a falta ainda nesta vida, certamente o fará numa próxima existência. Portanto, eis um estandarte a seguir: *Amar a Deus de todo o coração; Amar ao próximo como a si mesmo; Amar a vida, independentemente das vicissitudes; Acreditar no dia de amanhã e que você é essencial aos planos de Deus.*

Jamais devemos desistir de viver. Jamais devemos pensar na morte como solução para qualquer problema. Devemos respeitar a vida dos outros, independentemente dos acontecimentos, por mais nefastos que possam parecer. Cada vida humana é extremamente preciosa do jeito que se apresenta e merece de nós o máximo de proteção.

E lembre-se, amigo leitor: somente a Deus cabe a decisão sobre viver e morrer. Esta decisão jamais deve provir do ser humano, a quem somente cabe o direito de viver, mas não de subtrair a vida do semelhante ou a própria vida!

A vida é para ser preservada e vivida da forma como nos é ofertada a cada dia. Devemos vivê-la até quando a Inteligência Suprema determinar, para que possamos renascer em luz em cada uma de nossas múltiplas existências. Sempre a caminho da perfeição.

Capítulo VIII

A vida vale mais

Chacinas

ASSISTIMOS HOJE, em nosso país, conquanto a sua índole pacífica e ausência de poder dominador, hegemônico, conquistador perante outros povos, a uma banalização da vida. Os índices de homicídio ultrapassaram os antigos campeões, que eram os acidentes cardiovasculares e os acidentes de trânsito. Mata-se mais no Rio de Janeiro do que na capital do Iraque.

Mas um aspecto que assusta são as chamadas chacinas, notadamente jovens e crianças, como ocorreu há poucos anos nas escadarias da Candelária, no Rio de Janeiro, e recentemente, em São Paulo, bairro Jaçanã, sob um viaduto da cidade, onde um grupo em motocicletas desferiu vários tiros, matando seis pessoas.

Ou ainda, a que ocorreu em 2011, numa escola pública carioca, onde o jovem entrou atirando, matando e ferindo várias crianças e matando a si próprio após ser alvejado por um policial, que heroicamente conseguiu evitar que ocorressem outras mortes. Somente em São Paulo ocorreram dez chacinas em 2009. E cinco outras nos primeiros cinco meses de 2010. Execuções sumárias desse tipo são próprias dos povos bárbaros, que não conheceram a verdade do Evangelho de Jesus.

Contraceptivos

A Igreja Católica Apostólica Romana somente admite o sexo para procriação, sendo visceralmente contrária aos métodos contraceptivos. Quase todos os demais segmentos religiosos, no Brasil, adotam o princípio da prevenção da gravidez por métodos contraceptivos, como a pílula anticoncepcional, a camisinha ou preservativo. A chamada pílula do dia seguinte, tida como hormônio que dificulta a fixação do embrião no útero, ou nidação, é considerada abortiva.

O uso da camisinha, que em muitos países constitui eficaz meio de controle populacional, instrumento para o planejamento familiar, recebe incentivos governamentais, impedindo, também, a proliferação de doenças sexualmente transmissíveis, como a sífilis, a gonorreia, o cancro, e, principalmente, a temível Aids (HIV).

A preocupação da Igreja é com a banalização do sexo. Mas, a educação escolar para o sexo responsável é tarefa importante. A procriação planejada, da mesma forma, compatível com os meios de proporcionar uma boa educação.

Torturas

A pressão internacional em face dos calabouços, cárceres inomináveis, como os de Guantánamo, em Cuba, onde presos ditos terroristas eram submetidos a castigos cruéis, ou os presídios de Aboujab, no Afeganistão, mostrados à opinião pública pela televisão, pessoas humilhadas de forma ridícula, amedrontadas por ferozes cães, de modo impiedoso e cruel, foram extintas.

Existe hoje - e agradeça-se, também, ao atual presidente dos Estados Unidos, Barak Obama - uma tendência mundial a abominar as formas cruéis de interrogatório, eliminando o desrespeito aos direitos humanos. Isso se reflete, diretamente, nos países emergentes, como o Brasil, conquanto ainda se vejam reminiscências de abusos na América do Sul. Mas o entendimento geral é o de impedir as práticas criminosas de tortura, consideradas delito hediondo.

União homoafetiva

Outro aspecto social que vem mudando o comportamento das comunidades são as uniões homoafetivas. Respeitar a orientação sexual daqueles que elegem parceiros do mesmo sexo, sem chistes ou degradações, é um dever de todos.

O recentíssimo julgamento conjunto da Ação Direta de Inconstitucionalidade 4.277 e da Arguição de Descumprimento de Preceito Fundamental (ADPF) 132, pelo Supremo Tribunal Federal, trouxe o reconhecimento como entidade familiar da união estável entre pessoas do mesmo sexo. E isto é um enorme avanço jurídico em nosso país.

O julgamento aprovou, por unanimidade, o reconhecimento legal da união homoafetiva, pondo um termo final na discriminação legal dos homossexuais. Pela decisão do Supremo, que deverá ser acompanhada por todos os Tribunais brasileiros, os homossexuais passam a ter reconhecidos vários direitos, tais como: a percepção de pensão alimentícia; o acesso à herança de companheiro em caso de morte; a inclusão como dependentes nos planos de saúde; a possibilidade de adotar filhos registrando-os em seus nomes, o direito à penção previdenciavia, dentre vários outros direitos.

No texto do Acórdão não se faz qualquer alusão ao tema, mas não se faz também qualquer recriminação a este tipo de união. Quando consumada de forma responsável e sem o caráter de prevaricação sexual, resultante de uma união nascida do amor, somente a Deus compete o exercício da suprema avaliação. Assim como avaliará a união de heterossexuais que se enlaçaram aqui na Terra, cada um deles no cumprimento de suas respectivas missões.

Transplantes

Os transplantes de órgãos provenientes de pacientes em morte cerebral (doadores) para aqueles que dependem de tal doação para continuarem vivos (receptores) dependem do reconhecimento legal de que tais doadores estão mortos e não apenas no estado de morte aparente.

Além dos aspectos legais, regulados em lei, e dos éticos, a que se submetem os médicos, os transplantes dependem, também, da reconhecida vontade do doador, posto que envolvem as energias que vão acompanhar o órgão doado e suas condições espirituais de recepção pelo donatário.

A avaliação da morte cerebral implica o atestado de profissionais da Medicina, fundado em exames neurológicos e cardiológicos, por aparelhos, e nos exames eletroencefalograma e eletrocardiograma, nem sempre disponíveis em muitas cidades, mormente interioranas, dificultando a eficácia e bom estado do órgão a ser retirado, posto que o tempo disponível para retirada e as condições de transportamento são delicadíssimos.

A lei determina que conste de documentos de identidade e de habilitação de condutores tais disposições em caso de falecimento ou morte cerebral, para evitar retiradas indevidas, devendo-se agir com cautela e extrema fiscalização, os atos, a fim de prevenir o apressamento do evento morte cerebral e, até mesmo, interesses comerciais escusos.

O desejo do doador, o seu estado de espírito, as condições espirituais que vão presidir a troca de órgãos, energias que acompanham o desencarnante, indispensável ajuda do plano espiritual, são elementos imprescindíveis, na elevada tarefa de salvar vidas.

Certamente que o amor está muito ligado à predisposição de quem dá e ao merecimento de quem recebe.

São fatores indispensáveis no êxito da operação, influindo nos aspectos da rejeição.

Cremações

Francisco Cândido Xavier, a maior antena psíquica do século 20, declarou, atendendo às instruções do seu guia e benfeitor Emmanuel, que o Espírito, ao desencarnar, necessita, em média, de 72 horas para desvencilhar-se dos liames fluídicos que o prendem ao corpo físico. (Veja *O consolador,* de Emmanuel, psicografia de F. C. Xavier.)

Assim, entende-se que a cremação de corpos deve observar esse aspecto, para não causar perturbação e sensações desagradáveis ao Espírito que ainda não tenha se livrado completamente do veículo carnal.

A literatura espírita relata casos de pessoas que tiveram morte violenta, seja por suicídio, seja por homicídio ou acidente, e permaneceram imantadas ao corpo físico, sofrendo as agruras dos últimos momentos. Continuam, no Além, revivendo as sensações do próprio desencarne, o que para elas é como se o fato ainda estivesse acontecendo. Quando têm merecimento, porém, são acudidas por benfeitores espirituais, que auxiliam nos processos de desligamento dos fluidos espirituais e separação do corpo físico.

São indizíveis as descrições de entidades, em processos de comunicação mediúnica, no que tange às experiências após o decesso físico, no tempo em que permaneceram, anos a fio, atreladas ao organismo putrefato, em decomposição.

Por isso, são providenciais as orações, pela intercessão do Alto em favor de nossos irmãos que tiveram desencarnação dessa natureza. Como também os trabalhos de desobsessão, na casa espírita, e a psicoterapia.

No Brasil, a prática da cremação é ainda restrita. Durante muito tempo, apenas o Cemitério de Vila Alpina, em São Paulo, realizava cremações, que agora estão disseminadas em várias cidades brasileiras. Nesses casos, o corpo para ser cremado é mantido em geladeira pelo período de 72 horas.

Mas nem todos os cemitérios conhecem a orientação espírita. Sabe-se que na comunidade judia, em que a prática da cremação é usual, os familiares acompanham a cerimônia até o momento em que o caixão desce à fornalha para cremação, e horas depois deixam o local levando consigo uma pequena urna com as cinzas do falecido.

Assim é prudente, permitirmo-nos considerar, com todo o respeito aos que pensam em contrário, aguardar-se o mínimo das 72 horas. Ou, de forma contratual, com os serviços de cremação, exigir que se cumpra o tempo estipulado.

Células-tronco

Uma questão que envolve Ciência e Religião são as células-tronco, tema que está relacionado diretamente com os embriões. Escolhidos alguns para as experiências de laboratório, a maioria é descartada. A Igreja considera esse descarte um atentado à vida, posto que ali já havia um ser, em estado embrionário, pronto para iniciar o seu desenvolvimento.

Os pesquisadores alegam que a Ciência não pode parar. E que, dos avanços da Medicina, dos estudos das células-tronco, redundariam conquistas em favor da cura de doenças genéticas, como o Mal de Parkinson ou o Mal de Alzheimer. Injeções de células-tronco recuperariam tecidos, inclusive cardíacos e até mesmo cerebrais, restaurando a circulação vascular e renovando neurônios. Para os religiosos, entretanto, tais experimentos e práticas seriam como brincar com a vida, que pertence a Deus.

Recentemente, o cientista norte-americano Craig Venter, 63 anos, substituiu o DNA de uma bactéria, por outro artificial, que continuou a multiplicar-se. Em uma bactéria foi mais fácil do que seria em espécies mais complexas. De toda sorte, não se pode olvidar, Deus sempre está presente em tudo que se faz.

O Espírito André Luiz, que fora médico na Terra em sua última existência, afirma, pela psicografia de Chico Xavier, que em alguns casos o Espírito reencarnante somente irradia o embrião. Ou seja, acerca-se dele. Há vida orgânica, sem dúvida. Mas o Espírito, que vai habitar aquele conjunto, somente aos poucos vai se inserindo até acomodar-se completamente, durante o avanço da gravidez. De todo modo, a ética médica deve presidir todo sistema de pesquisas e experimentos científicos, para que se evitem distorções, como as pretendidas por nazistas, ao idealizarem uma super-raça.

(*Missionários da luz,* capítulo 13, André Luiz/Chico Xavier)

No Brasil já é permitida a utilização de células-tronco produzidas a partir de embriões humanos para fins de pesquisa ou terapia, com a condição de que sejam embriões inviáveis ou estejam congelados há mais de três anos. Em qualquer caso, é necessário o consentimento dos pais, sendo a comercialização do material biológico reconhecida como crime. Em 29 de maio de 2008 o Supremo Tribunal Federal confirmou que a lei em questão é constitucional, ratificando assim o posicionamento normativo da Nação.

Desde 2005 a Lei nº 11.105, promulgada em 24 de março daquele mesmo ano, conhecida como Lei da Biossegurança, já estabelecia normas e mecanismos de segurança para as atividades que envolvam manipulação de organismos geneticamente modificados, os denominados OGM e seus derivados. Esta lei, uma vez declarada constitucional pelo Supremo Tribunal Federal, vem sendo aplicada na utilização das pesquisas com células-tronco, visando atender a política nacional de segurança do cidadão.

Célula sintética

Criada pelo geneticista norte-americano Craig Venter, a partir do genoma projetado em seu computador particular, e, depois, produzida em laboratório, recriando o DNA da bactéria, introduzindo-o no núcleo de outra bactéria, passando a comportar-se de acordo com o novo genoma gerado sinteticamente. A reação das autoridades em bioética, do Vaticano, foi imediata, acusando-o de querer brincar de Deus. Ora, não há nada neste mundo, de meu Deus, que não receba Sua presença!

Todas as vezes em que a Igreja teimou em admitir os avanços da Ciência, ficou para trás, foi ultrapassada pela inexorável lei do progresso, uma das dez leis morais conhecidas na codificação. Os Espíritos, ao contrário, através de Kardec, não confrontaram Doutrina e Ciência. "Se a Ciência provasse que o Espiritismo está errado num ponto, este abandonaria tal ponto e ficaria com a Ciência". Eis o caráter progressista da Doutrina Espírita, que não se arvora em detentora da Verdade, já que os Espíritos asseveram que nem tudo foi revelado aos homens. Veja-se, por exemplo, a questão da pluralidade dos mundos habitados. Este é um dos postulados básicos da Doutrina. A Ciência ainda não o provou, mas também não pôde desmentir o que disseram os Espíritos. O tempo o dirá.

Na questão 693 de *O Livro dos Espíritos*, Kardec pergunta:

> (...) Há espécies de seres vivos, animais, plantas, cuja reprodução indefinida seria nociva a outras espécies e das quais o próprio homem acabaria por ser vítima. Pratica ele ato repreensível impedindo essa reprodução?

Em parte da resposta dada pelos Instrutores, lê-se:

> Deus concedeu ao homem, sobre todos os seres vivos, um poder de que ele deve usar, sem abusar. Pode, pois, regular a reprodução, de acordo com as necessidades. A ação inteligente do homem é um contrapeso que Deus dispõe para restabelecer o equilíbrio entre as forças da Natureza e é ainda isso que o distingue dos animais, porque ele opera com conhecimento de causa.

Os quinze anos de pesquisa científica de Craig Venter permitem ao mesmo anunciar vacinas contra a gripe. Das mesmas críticas padeceu Charles Darwin, em 1859, quando defendeu a tese **evolucionista** em *A Origem das espécies*, contrapondo-se ao **criacionismo** defendido pela Igreja.

No Brasil, finalmente, com o advento da Lei n° 11.105/2005, mantida pelo Supremo Tribunal Federal (Ação Direta de Inconstitucionalidade n° 3.510, de maio de 2008), a célula-tronco ganhou foros legais.

No futuro, doenças como Mal de Parkinson e Mal de Alzheimer, câncer de pâncreas, fígado e rins encontrarão tratamento eficaz com as células que se multiplicam em tecidos novos, assumindo o papel do órgão lesado. O mesmo com os neurônios e com o tecido cardíaco. O custo-benefício é imensamente maior, em face dos riscos alegados.

A humanidade prepara-se para o mundo de regeneração, que há de suceder o estágio atual da Terra, que é mundo de provas e expiações. Nesse novo patamar, o Bem prevalecerá sobre a face do planeta, embora ainda tenhamos que vencer imperfeições.

Capítulo IX

SOS – Aborto!

UMA EM CADA sete mulheres já abortou. Ao todo 15% da população entre 18 e 39 anos, cerca de 5 milhões de pessoas. Devido aos riscos ou sequela, a metade vai parar, após o aborto, em clínicas ou hospitais, internadas devido às complicações médicas.

Isso explica o fato de o aborto ser tomado na condição de problema de saúde pública, o que reforça os argumentos de que é preciso um aborto assistido, ou seja, a sua descriminalização. Mas essa medida vem sendo repelida, repetidas vezes, pelo Parlamento Nacional, onde conta com apenas 11% de aprovação.

Recentemente, depois de muita discussão, na Comissão de Seguridade Social da Câmara Federal, foi aprovado o Estatuto do Nascituro, que protege o embrião, admitindo a ajuda federal para gravidez resultante de estupro, se a mulher não tiver condições de manter a gravidez. Se convertido em lei, será uma exceção em um mundo que marcha para a descriminalização, como a ocorrida recentemente em países de índole católica, como Espanha, Portugal e até mesmo Itália.

Segundo o Conselho Nacional de Justiça (CNJ), existem 4,7 mil crianças e adolescentes aptos a serem adotados, e 30 mil pessoas inscritas no Cadastro Nacional de Adoção (CNA), desejosas de assumir uma criança ou adolescente. E, ainda, que há cerca de 80 mil vivendo em abrigos. A nova Lei de Adoção (Lei nº 12.010, de 2009) determina prazo de no máximo dois anos de permanência dessas crianças sob a guarda dos Juizados, sem serem adotadas.

Baseamo-nos na história de um bombeiro hidráulico, que não conseguiu passagens para viajar para o Interior, a fim de passar o Ano Novo com a família. E como iria permanecer em Londres, como gesto de solidariedade, colocou anúncio no jornal, oferecendo seus serviços nos feriados. Tal foi sua surpresa quando verificou que os telefonemas que recebera naquela noite fora de pessoas em solidão, em depressão, em ideias suicidas, que ele bondosamente orientou e ajudou. Nascia, assim, o Centro de Valorização da Vida (CVV).

Com base na experiência de José Pacheco de Marcos Adenauer, no SOS Prece, do Instituto Kardecista da Bahia, que atendia por telefone, em regime de plantões noturnos, a pessoas com problemas, idealizamos o SOS Aborto, que preserva a identidade de quem telefona, permitindo um diálogo continuado, por meio de um sistema de voluntários plantonistas.

O voluntário do SOS Aborto atende ao telefone e permite uma orientação aos que fraquejam em situações aflitivas, em diversos aspectos, mas, notadamente no que se refere ao eventual desejo de abortar. A ideia de abortar nasce da dificuldade de encarar um filho, uma gravidez indesejada, não querida ou planejada. Seja por problema de família, seja social, seja econômico.

Ajudar-se, com orientação sobre os riscos do procedimento, nos aspectos médicos e fisiológicos, no que tange ao remorso e problemas psíquicos, no que se relaciona ao Espírito, em face das obsessões, depressões, tristeza, muitas vezes somatizando na exteriorização de outras doenças oportunistas. Auxiliar-se, proporcionando ajuda econômico-financeira, através de enxovais, cestas básicas, remédios.

Acolher-se, mediante internação em Lar Transitório, com dormida, alimentação, cuidados médicos e psicológicos. Treinamento nas tarefas do bebê e do lar. Reerguendo a criatura, aumentando sua autoestima, dissuadindo-a de um desatino de que se arrependeria por toda a vida e mesmo após a vida, eis que o Espírito imortal carregará por um bom tempo as chagas advindas do gesto terrível de sacrificar uma vida por nascer.

Treinamento

A seleção dos voluntários há de ser muito criteriosa. Pessoas com problemas não são indicadas para ajudar. Também não deve se arregimentar quem seja inconveniente, língua-solta, para preservar o sigilo e a imagem dos assistidos. Da mesma forma, pessoas radicais, com ideias políticas intolerantes, com tendência a passionalismo, seja desportivo, seja religioso, seja ideológico.

Recomenda-se que sejam escolhidas pessoas com alguma instrução, capaz de levar a bom termo os diálogos que certamente se travarão. Alguém que saiba mais escutar do que falar. Pessoas com embasamento doutrinário religioso, com algum conhecimento da *psique* humana.

Depois de recrutados e selecionados, estes serão submetidos a um treinamento, quando serão apuradas eventuais falhas comportamentais do voluntário. Receberá instruções por especialistas no campo legal, médico, psicológico e doutrinário-religioso.

O anonimato é essencial, para que não se direcione sempre para o mesmo voluntário, mas ensejando ouvir-se a opinião dos demais, evitando-se que se concorra para um relacionamento pessoal. A atitude é basicamente prevencionista, dissuadindo a mulher a cometer o abortamento.

Eventualmente pode surgir, daí, a necessidade de maior amparo, direcionando a gestante para outros departamentos de socorro, como cesta básica, enxovais do bebê, internamento e assistência em Lar Transitório. Mas não se deve transformar, peremptoriamente, o SOS Aborto em campo de assistencialismo, para alguém que quer aumentar a receita pessoal, ou promover autoajuda, sem que necessite efetivamente, pois **a finalidade básica não é amparar gestantes, pura e simplesmente**. Mas evitar-se o aborto.

Capítulo X

Valorização da vida

NUNCA É DEMAIS enfatizar que a vida é o bem maior que todo ser possui. E preservá-la é um dever de todos nós. E quando falamos em vida, não nos reportamos tão somente à vida humana, mas, também, a outras formas de vida que, juntamente com o homem, fazem deste planeta um verdadeiro *lar vivo* no Universo.

O Homem não é o único ser privilegiado com o sopro da vida e deve compreender que a ele foi outorgada a inteligência, para, com sabedoria, partilhar uma existência comum com os demais seres que habitam o planeta.

A consciência ecológica que hoje ganha espaço nas escolas, na mídia, no campo empresarial, nas ONG's, como em vários outros setores da sociedade, convoca-nos à preservação da fauna, da flora e de todos os ecossistemas do planeta. Uma atitude inversa pode nos conduzir, inclusive, a uma morte lenta e dolorosa. Isto porque, quando a Natureza é negativamente afetada, nós próprios e os demais seres vivos também sofremos.

Com efeito, estudiosos chegam hoje à conclusão de que a Terra se assemelha a um organismo vivo. Essa teoria foi apresentada em 1969 pelo investigador britânico James E. Lovelock, que a denominou *Teoria de Gaia*, também conhecida como *Hipótese Gaia*. Lovelock concluiu ser a biosfera terrena capaz de gerar, manter e regular suas próprias condições de meio ambiente.

E o Espírito Emmanuel esclarece: *"A Natureza é sempre o livro divino, onde a mão de Deus escreveu a história de sua sabedoria, livro da vida que constitui a escola de progresso espiritual do homem evoluindo constantemente com o esforço e a dedicação de seus discípulos"* [3]

A vida, portanto, em seu mais abrangente sentido, é um presente de Deus!... E onde pulsa vida, há beleza a ser apreciada e respeitada. Toda vida gera mais vida, e inteligência gera inteligência. Assim, a nova vida que a mulher gera em seu ventre, bem como aquela que nós próprios detemos num corpo físico, devem ser preservadas, pois, desta forma, permitiremos ao Espírito evoluir rumo à perfeição, que é o seu caminho e única meta.

Por isto, não é demais reafirmar, como já dito em capítulo anterior referente ao aborto, que de nada adiantará levantarmos bandeiras contra um projeto de lei, que na realidade não descriminaliza, totalmente, a conduta do aborto voluntário, se em nossos lares não educarmos nossos filhos à preservação da vida e num sentido amplo. Não agir desta forma é ser incoerente com os preceitos

---

[3] Xavier, Francisco Cândido. *O consolador*, ditado pelo Espírito Emmanuel, Rio de Janeiro: Ed FEB, 2001, questões 27, 28.

Divinos, pois não podemos deixar ao legislador a única tarefa quanto à preservação da gestação e da vida do pequeno ser dela advinda. Esta responsabilidade deve nascer dentro dos nossos lares, para somente depois contar com o respeito e a proteção do Estado. Afinal, as decisões e julgamentos oriundos dos Tribunais pátrios nada mais são que o resultado de nossos conflitos pessoais. Quando o conflito inexistir, inexistirá, também, o processo judicial correspondente.

E assim, caro leitor, encerramos este trabalho com belo trecho da obra *A religião dos espíritos*, na qual Emmanuel, pela psicografia de Francisco Cândido Xavier, concita-nos à seguinte reflexão:

Aborto delituoso

> Comovemo-nos, habitualmente, diante das grandes tragédias que agitam a opinião.
>
> Homicídios que convulsionam a imprensa e mobilizam largas equipes policiais...
>
> Furtos espetaculares que inspiram vastas medidas de vigilância...
>
> Assassínios, conflitos, ludíbrios e assaltos de todo jaez criam a guerra de nervos, em toda parte; e, para coibir semelhantes fecundações de ignorância e delinquência, erguem-se cárceres e fundem-se algemas, organiza-se o trabalho forçado, e em algumas nações a própria lapidação

de infelizes é praticada na rua, sem qualquer laivo de compaixão.
Todavia, um crime existe mais doloroso, pela volúpia de crueldade com que é praticado, no silêncio do santuário doméstico ou no regaço da Natureza...
Crime estarrecedor, porque a vítima não tem voz para suplicar piedade e nem braços robustos com que se confie aos movimentos da reação.
Referimo-nos ao aborto delituoso, em que pais inconscientes determinam a morte dos próprios filhos, asfixiando-lhes a existência, antes que possam sorrir para a bênção da luz.

....

Homens da Terra e, sobretudo, vós, corações maternos chamados à exaltação do amor e da vida, abstende-vos de semelhante ação que vos desequilibra a alma e entenebrece o caminho!
Fugi do satânico propósito de sufocar os rebentos do próprio seio, porque os anjos tenros que rechaçais são mensageiros da Providência, assomantes no lar em vosso próprio socorro, e, se não há legislação humana que vos assinale a torpitude do infanticídio, nos recintos familiares ou na sombra da noite, os olhos divinos de Nosso Pai vos contemplam do Céu,

> chamando-vos, em silêncio, às provas do reajuste, a fim de que se vos expurgue da consciência a falta indesculpável que perpetrastes.

Valorizemos, pois, a vida. Respeitemo-la, defendamo-la e preservemo-la, para que Deus nos permita um futuro de bênçãos e abundância, rumo à proximidade d'Aquele que neste plano, mais nos ensinou a amar – Jesus Cristo.